The Guardian

ALL-NEW SUDOKU 1

Published in 2021 by Welbeck
an imprint of Welbeck Non-Fiction,
part of Welbeck Publishing Group
20 Mortimer Street
London W1T 3JW

Puzzles © 2021 H Bauer Publishing
Design © 2021 Welbeck Non-Fiction,
part of Welbeck Publishing Group

Editorial: Chris Mitchell
Design: Eliana Holder

A CIP catalogue for this book is available from the
British Library.

ISBN: 978-1-78739-695-1

Printed in the United Kingdom

10 9 8 7 6 5 4 3 2 1

The Guardian

ALL-NEW SUDOKU 1

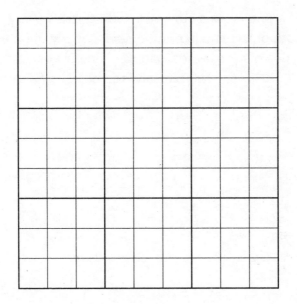

A collection of more than **200**
fiendish puzzles

WELBECK

About The Guardian

The Guardian has published honest and fearless journalism, free from commercial or political interference, since it was founded in 1821.

It now publishes a huge variety of puzzles every day, both online and in print, covering many different types of crosswords, sudoku, general knowledge quizzes and more.

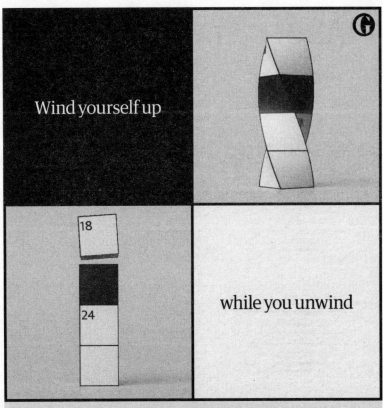

Wind yourself up

while you unwind

Get that "punch the air" feeling. Download the Guardian Puzzles app and challenge yourself with more than 15,000 crosswords and sudokus, from easy to infuriating.

Search "Guardian Puzzles" in the App Store or Google Play.

The GuardianPuzzles

Introduction

Welcome to the first book in *The Guardian*'s brand-new puzzle series. The sudoku puzzle is the most popular puzzle type in the world, and in this book *The Guardian* provides 210 never-before-seen sudoku puzzles for you to relish.

While each puzzle has its tests, these have been designed to become progressively harder as you work your way through the book. The final fifteen, in particular, are extremely difficult, so make sure that your mind is clear and fully prepared for the trial before attempting those.

Above all, though, please enjoy this book! The world is full of challenges, but we hope that *these* challenges will provide a delightful diversion for you.

	2			3		9		
	1		6	7	9	3		
	4					7		
4	6							
				9		6		5
	9	1	3		5			2
9			1				4	
7	5	2				1		6
			7			5	8	

1				6				5
5		6	2		9			
	8					7		4
		7	3		4		8	1
8		3	5			4		
6		1						
	9							3
			7		2		9	
		8	4		1		5	

Solution see page 219

	3					8		
	2			5	9			
	4	5	6			3	1	
8			2					
2			7	4				
5	9			6	8	2		4
	8	1		2			3	
							6	9
			5	7	1			

	2	9		7				4
					3			5
7						1	9	6
				1			6	3
	3			4	5		1	
9		4						7
	6	1	5				3	2
		5	8					
		2	1	3		8		

Solution see page 220

	6		9			5		2
				8	6			
	4	1		3		6		
8					1		9	3
6	5	3						
					7			
2		9	4					6
		6	1				3	
			5			2	1	

	4				5		8	6
	6			9	3			1
					1	9		5
6			7	5				
9		2	3					
				2		5	6	4
8			4	1	6		3	
2		1						
				3			5	

2	3			4			8	7
	9			2	3			
7		4						9
					5	6	3	
		7			9	1		
3	4				1			
9	2	6	5		4			
	8	5						4
			8	6		9		

Solution see page 221

			8	4	1			
2	7							4
6						8		
		3				5		
			9	6			7	
8		1		7				2
		2	1	5	7		3	
	5					2	9	1
	4		9					

Solution see page 221

9	8	1				7	5	
			5		7	3		
5			2			8	6	4
3			8	9		6		
	4	5		3			8	
		8	7				1	
2					3		7	
	3		4		5			
7						4		6

6	4			5	8	7	3	
					6		4	1
	7	2			1			
		3	2	7	5			
						5		4
9	1			6				7
						1		5
1			6	9				
3	8	7						6

Solution see page 222

5					3	2		1
6	4			9	2			3
3		7	4					
	9		8	5				6
2	3							4
							1	
	6	5		7			3	
			1	4		5		
	1		6				8	

Solution see page 222

7	1	6		2				
4			9			3		
			5		8	1		7
			8				6	2
2					7			9
		4				5		
9	6		1		5		7	
	5		4	9			3	
			3	6	8	9		

Solution see page 222

6	1				5			
	8					3	2	
			7	6	3			
4		9		8				
	2	5		6				
	7				2	5	1	4
		7		9	1			
						4	6	5
2						9		1

Solution see page 223

8								4
			2		7			9
3		4				1		7
5			3	7		6	9	
		7	6	8	1			
		8		5				
		6	9				2	1
	1	2			8		3	
9	5			2	4			

Solution see page 223

3	2			5		7		
		6		9		3	5	1
				8				
2	7				4			
9	3				7		1	
						4		3
1			5					
		9		1				8
			2				6	4

7	9							
			5	9	8			
		5					1	4
6				7	4	5	3	
	2							
				5	1	2		6
		9		2			4	5
		1					2	
4			8		7			

Solution see page 224

				1	2		8	
	3		8			5		
	2				5	3		
8			9					
9				4	6		1	
5						4	2	
				7	1		5	
	4	6						
							7	4

				4		8	6	
4		7						
9				6		5		
		3			7	6	4	
7			3				2	
1			9	8				
	5		2					3
	8					7		5
					9			

Solution see page 224

3			2				5	
					8			9
1	8		4		6			
	2			3				1
	3		8	1				
						2	3	6
5	4	8			3			
		9	5			6		
						7		

Solution see page 225

	8			3	6			
							6	1
		3		1			5	
1	4		2		9	6		
		2				8		
	9				4			
4			9	8				
7	1							4
							1	2

8		1	5					
	3		1			4		
			3			6		
5		7	8				2	
						3	1	5
9				2				
3	4				8	1		2
	8				9			
							6	7

	3						5	
4				9				
				7	5			
8			3	4	1			9
	4	3						8
		9			7			6
			2	8	9			
	5					1		4
	7					3		

Solution see page 226

			6		3			
8	1							
6			8	4		7		2
		2				9	4	
3		9		2			6	
			1	3				
5						2		8
2	8							9
		7		5				

			9		6		1	
			3			5	2	
		1				4		7
8							6	
4	9	6						
			2					3
	5	8		1	7			
	1			5	3	8		
	3							2

		5	1		6			
						2	4	
		6			3		8	
				5			6	
						1	2	
5	1	3						
2						9		
			8		7			3
4			3					

		3		4	6			
6						4		5
4			9		3		6	
	1	4		2		8		
3	5	2						
			1			9		
		1					7	8
5	8				2			
				6	4			

Solution see page 227

	3						8	
							4	7
	6	8		5				
			9			2		5
1	2	6						
			3	1				
8					9		7	2
					7	1		
5		9		2	6			

9			7			3		
8			1			9		7
7	5		4	8			1	
							8	9
	8	1			6			
		2			4		7	
							2	5
	3			4				
1	4			9				

Solution see page 228

			8					2
		4	5		7			8
	6	1						
				7			1	
			2			5	4	
5	8					6		
	7			8	6			
	1					9		
				1	2	4	7	

		3						4
				1		5	3	
	4		6	2				
6				3			9	1
4		8	5	9				
1			4		6			
		6	1					3
	2			5		7		
			3				1	9

Solution see page 228

2	8							
		3		8		5		
				7		1	3	
		8	9	6	3			4
	5	4						
9							8	7
					9		7	
			6		4		9	2
3	2		8					

7		4						
3							1	6
			2	8	1			
			8		5			
						1	3	9
6		2						
			1	7	3			
	4			6		8		
	3					9		

Solution see page 229

				4		6	7	
1				5	3			
	2		6					
		7						3
		3				8		4
		5	2		9			
					8		9	6
7		9	3		1			
5	8					7		

6				5		2		
						6	1	5
4			8					
		7				1	6	
			3	1	9			
		8					3	
	9				8			3
					1	4		
8	3		4		5			

4	2					1	8	
					5	9	2	6
					9			
	7	3	2	6				1
2							7	
		1	9					
7	4							
				1		6		
3			6	8				2

Solution see page 230

6		9		7				
7				2				8
						5		2
	3	2	1					
			6			8		1
		1	3			4		
	5				4		6	
					8	1	4	
	9	6	7					

Solution see page 230

							7	
9	5				8			2
			6				4	5
		8				6		
5		1		9	7	8		
		4				2		
2								3
			4	1	9			
6	1							

			2	1	3			
7		4	6					
						5		
				6			2	3
	6		7	5			1	
	8				1		6	
			5			9	7	6
8		7	3					
		9		4				2

Solution see page 231

	7			8	4			
3						7	5	
1		5				8		
2		1						
				6	7			
8							4	1
	9					5	3	2
	4				3		6	9
			2					

	1		9		6		7	
	3			5			9	
			8	2				
2			3		9			6
		9						4
	7	3	1					
			6		5			
6						4		
4						1		2

Solution see page 232

	2	4				7	8	
		6			2	4		
		9	4	1				
	8	5					7	9
	1							3
			9	5				
			2			1		
2			6		4			
3			1				4	7

			1	6	8			2
	8	2						
						9		
	1			2			6	
6							7	4
	4			8	1			
				4		7		1
4	6	3						
			5					9

Solution see page 232

		4	9	1		3		
	8		4				5	
			8			6		
	6	5						
	4				5	1		
7			6				4	9
9	3							8
			3	2				
6		2				4		

		1				2	9	
	2					6		
				3	5			
	3		6	5	4			
	7						2	4
	8				7		1	
3	5		4					9
4		9	1				5	
								8

Solution see page 233

5			4					1
9		7				2		
	8		3			5	7	4
7				6	9		2	
	2	5			1			
					2	4	1	
	3	2						
				7		1		
				1		9	8	

4				2		5		
5					6		2	8
					8	4		6
				4		6		
			3	6		8	5	
	7	9						
2		3	9				6	
		4	6			2		3
		5		1				

Solution see page 234

6	2				3	7		4
		4				9		
			5		8			
		2				4		6
4		9		6				
			7	5				
			8		5			
	7	5					3	2
	3				6			

Solution see page 234

	2	6		4				
				7	5		2	
					6		1	
8						5		3
				2			9	
3					7	8	4	
	6	4	1		3			
		3					5	8
	8		6					

Solution see page 234

						7		6
6					4			
1			6		3	4	9	
		6		8			2	
		3		7			1	
4		2		3			7	
	9		1					7
						9		5
2	8		9					

7	9						5	
				8	3			9
				4			6	
	8	9	4	6			3	
		1	9				8	
		5				4		1
9	2		1					
			2		6	3		5
1					7			

9				7		5		1
5						8		6
				6	2			
		9		1				
	3			9		2	5	
4	5						3	
	9	1						5
		7	6					
			9		8			2

Solution see page 235

						9	4	
2					7	5		
9	3				5	6		
7	1	6		2				
			9	7		4		
			5			3		2
	5	1						
			3	6				5
	9						6	8

			1		2			9
		8						
					9	5	4	8
				2		3	9	
	5	1						
		6		3			8	
						8	3	
	3		5	1		7		
6	2							

Solution see page 236

3	2							
				4	6			
						1	7	9
		9			8	3		
8		7	5					
						4		1
5			9	6				
		2					9	
6				7	4		3	

Solution see page 236

		4			7		1	
		1				9	6	
				5	4			
	6		2					8
								3
		9	8				4	
5	2					6		
4	7			8		3		
				7	6			

1	9					8		
8			4		6			
				8		5		
	8		5	1				
	5						9	
3		4	8					
9			7		4			3
	7						4	6
	6	3			9			

Solution see page 237

3	8				5		2	
					4		9	6
7								5
	9					3	8	
		8	9	6				
	5					2		
8		1		7				
			4				5	2
	3	5	6	1				

	6							1
	7	1			9			3
	9		6		4	8		
1		3						
		4			6		5	
			8				4	
5	1							
			2	9		6		
				8	1	9		

	7			9		8		
			1		4		9	
4	3						5	
		5	9	2				
		8						6
						1	8	
3								9
9	2			7	6			
5	6							3

			9				2	1
				4				
2	8							
					3	6		
	6	9	4		2			5
5				1			9	2
			1		9			
	2	5	7			3		
4	3					7		

Solution see page 238

			5	7	8		4	
		3					9	
						7	2	5
9				1				
3		1						9
					4			
	7		9				5	3
						2	7	
	4		8					

4	5	8						
							6	7
6			3	5	9			
						2	7	1
	1		7			9		
			8	3				
9		6						
				7	5	6	8	
						7	2	9

Solution see page 239

	8					3	5	
		1			8		4	
		4	9		6			
1		6						
		8	2			9		
	5		8		1			
6		9						4
						8	1	2
			4	7				

8	5			6				
	6			4				9
								3
7		2						
			2		4		1	
			5	1			6	
5			4					
				7	2	9	5	4
		6			9	2		

Solution see page 240

2				3		8	5	1
1			4					2
8			2		7			
	9			5				
						1		6
	4			7				
6		8						
4			1		8	5	3	9
					3		2	

Solution see page 240

5				1		9		
2					8	6	3	
8	6				2		5	
	9	7						
			3		9		8	1
	2		5		1			
			1	8				2
		3					6	
				6	5		1	

Solution see page 240

8			2	3	7			
					9	8		5
6		3						
		5		8	1	6		
		8			5			2
								4
3	2		7					
	1			2	8			
			4				7	

9	1		4					7
				1				6
	3	4	6	8				1
		8		3		4		
			1		6			
7	4						5	
1	7							
						8	3	
5			9					

Solution see page 241

	1				5	6	3	
	6				1			
			4		9		7	
1						7		4
9	5							
	7		6		4			
					7	3	2	
		7		2				
		2		3		1	6	

Solution see page 241

	5	6				9		
			1		9	2	6	
			2					
	8	4			1			
	2		8				5	9
		5				8	2	
7				6				
				4			1	5
							9	2

Solution see page 242

7	3			6				
				8			2	
	2					9	1	
4	5	9				7		
					1			
6				3				8
3	7		2					
						6	9	
	6		3			5		

	9				4			
				7				8
7	4				6		9	
8					2	6	4	7
6				8	9			3
4				6		1		
		5						
		3					6	1
			1			9		

Solution see page 242

		5		6				
	6					9	4	5
1		4						
				8	2	5		6
	5				6			3
				5	9	2		
			8	2				
			7				3	2
4		1						

	3					1		
			9		6		8	3
8	6			4		7		9
7		1			9			
				6	4			
4						9		7
1								8
		2					6	
			2	7				

Solution see page 243

			5	1		7		
	8	7						
		3					4	
				3	6			
						9		2
9			7	2				4
	7	8			3	2		
		6	4	8		1		9
	5				7	4		

4	5							
					2	6	5	
9		6			7			
	4	9					2	
		8	6	7				
7							4	
	1		8	9				4
8				5				3
5		7						8

Solution see page 244

	9			1	4			
	5				9		1	
7						5	6	
3						7	5	
		9	2					3
	6		1			2	9	
	3			4				7
6		1		8				
5						4		

3	4						7	1
			5					
			2					8
		8		9				
9		7						
					5		1	4
						6		
				8	4		3	
	2	1				5		

Solution see page 244

		4	2		5			6
						7		
		5		3	4		2	
6	1							
			8	2				
			4				1	
3	9					6		
	6		3					
					8		5	2

Solution see page 245

4							2	9
							4	7
		8						
	3	5						
		7		4			9	
			9	1				
					6	5		
	1	3			5	6		
2							7	

Solution see page 245

			6					
							4	3
8	2							
		4			3		7	8
5		3			4			6
								9
4	7	9						
			5	1				
				6		2		

Solution see page 245

			1	4				
		6						2
	3						7	1
1					8			
5			2		9			
					3	7	8	
			6	9				
	8	9						
			5				1	6

Solution see page 246

	7					3		
	5		9					
	3		7			2		6
							4	
7				8	4		1	
	2	9			5			
6								
8							6	1
			5		2			

		3		8				5
					3		1	4
		2	5		1			
					8			3
6	7							
	9					6	7	
			9			3		
			6			2		9
	1	5						

Solution see page 246

			4		8	7		
		7				6		
	2	1				5		
8	3							
			6		7			8
					4		9	
				1				
	5	6						
				3			1	2

						3		
2	6				8			
			7		1			
				8	9			
						4	9	
4		3					7	
		8						1
3		4						2
			1	2				5

Solution see page 247

	7		5	8				
				3			6	
3		2						
	4							3
			1	7				
	5	7				4		8
					2	6		
2		9			3			
			4			1		5

	3							
4			7			5		3
	7		4		2			
1		6	3					
							4	7
5				6				
		8			7			6
			5	8	9			
							2	4

			3			7		6
1	6		7					
9						4		
		7		6				
							8	3
	2	4		5				
	9				8		1	
			9		6			
							5	2

				6	8			
9					7	5		
					3	4	2	
6		5	1					
		4	7					
		2					4	3
	8							
	7						1	8
			5		2			

Solution see page 248

9			3		4		4	
			3		4			
6		1						
							5	9
		7			3		2	
					8			4
	9			5				
	6		2	9		1		
	2					6		

	2	4	7			5		
7		6	4					
		1					3	
			9	2				
4								
					3		8	5
	3				8		9	
	9					7		
					5	1		

Solution see page 249

			1					
	8	3						
		1				6		5
2				5				4
7							9	
			6	4			8	
				8	9		5	
5	4							6
					3			2

Solution see page 249

8				7			5	
			6					
5			4				8	3
	9							
		8		3	2			
		6				2		1
	8	1				7		
			5		8			
		2		4	7	1		

Solution see page 250

								5
		1	3	2				
7	9	3	1					
4		2						
				9	6			7
1							6	
				8	7			
	8				9			
						2	3	

Solution see page 250

9				1	3			2
		5			2			3
7					5		6	
		6			4	3	2	
	5	1				6		
			2	6				
			8	3		9		6
	7						5	
	1			9				

Solution see page 250

		1	4			3	6	
			8			9		
	9	7	1				4	
					8			2
5		4						
				6	1			3
				2	4			
3	7						5	
	1						9	

5					8			
1						3		
8			6	2	9			7
		2	9					
			5	1				
					3	1	9	8
	3	6						
4			7	5				
		8					2	9

Solution see page 251

	8			7		9	2	
	4	2						
	3			2	8	4		
4				8	9	1		
						8		6
9					7	2		
			7		2			
		1		5	3			
			6				5	1

		6			3	4		
	8	3			4			
		4			1	7		5
2		7	3	4			6	
						3	5	
4				9				
							4	1
			7	6	9	8		
	6							7

Solution see page 252

	4		7	3				
6			4				5	
		9					6	
9			1					7
1			9	5			2	8
8		3						1
					2			
		6				9	4	
	7		5		1			

				6		2	8	
1				3				
5	8			1		7		
			1		8	3		
	7	4						9
9							5	6
	1	9	6					
2	6		4					
							7	5

Solution see page 252

		6	1		8			
					3		5	
	9					8		
7		8		6	5			
6				7				
							2	
			3			4		9
						6		7
	3	1						

			3			5		
2				9		4		
1	4						2	
							1	2
9	6	3						
					5			3
		7		4				
			7	8	2			
							9	5

6				7				
1			9					
					8		7	5
							4	8
	9		1	5				
	1							7
	5	3				9		
		9			4	3		
					2			

				7	4		5	
5					1			7
7						3	8	1
1						7	2	
9	5						4	
			7	8	6			
						8		
		1	6	2				
	7	6	1	9				2

			9	3				
1	7		8					5
						7		2
		6			4	2	8	
			2		3	4		
	5	2						
6		4		8				
				1			3	
	8		3	6				

8	5	1					6	
								3
		3	5		1			4
			6	9	5			
	2					7	1	
5			1					
	3			2	9		7	
	7	5						
9						4	2	

2		3					8	
					9			
1					4	7	3	
	7							
	9		4		5			
							4	6
	5					9		
	4			8		1		
				3		1		

			3	2		7		
2		6						4
		3		8				
4	3							
			7		1			
5						2	1	6
	5			7			8	
					8	5	2	
3			2		4			

	3	2						
	9					4	1	
			6	4			2	
	9			8	3			5
1								
					5	8		6
	5			3		9	4	
				1		6		
	2	8						

Solution see page 255

9	5		4		8			
2							6	3
8		1			2			
	2		3	4	1			6
			2			4	1	
	9		8			2		
				7				
						1	4	2
6		8						

Solution see page 256

	8	3						
							1	8
		6	1	9				4
3	5	4				2		
	1				2	3	8	
					6			
			3				5	1
7			5			6		2
2			6					

			6	3				
	2	9	7					
		6				5	8	
5								
4							9	6
					7	8		4
			3			9		
	9	1				7		
			4	6				

						3		
			9		4			
	5	3					8	7
6	8							
						1	7	
4			8				3	
8		9						
		5		6		8		2
3				1				6

8		4						
			9	4				5
								3
	6		4					
		9	5	1				
	2			8		6	7	
						9		
4		1				7		
			6	5	2			

			5	9		8		
5	6	1						9
						7		
8							4	
			6	2				
4				7			9	
		3	2	1				
						5		3
		2		6				7

3	6							8
2							1	
1			4					
	9			6			8	2
	8	4						
				3		6		5
		7			5	1		
			7		9			
						2		6

Solution see page 258

3	2							
						4		
			7	1		8		
					9			5
1	5						8	
					2		6	9
		7						
		4	8	7				
	9		4				5	2

Solution see page 258

							7	
	4		3		2			
8	3		4			1		
				6				
						8	1	
	2	4	5					
					9			
1		7			6		5	
						4		2

Solution see page 258

8			9	3		2		
5		4		8				
						8		
			3	9				
	1	6						
			4	5		9	1	
	9			1				
			2		7			4
	3							2

Solution see page 259

	4		2					
			1			6		
2						5		9
		6			8			
	5		4	7				
		1					8	6
3							7	
5				3	9			
							4	2

Solution see page 259

	3							
		7	4					
						1	2	6
1					4			
7						5	1	
			8		6			
		3		7	2			
						2		9
	9	8						4

Solution see page 259

		1						
		8			7			4
		3	5					
						7	3	
6						2		
	5			4	8			
	9	7						
			1			3	7	
4	6		2		9			

Solution see page 260

6	4			1				
	3					5		
		5		6			7	8
		7						
			8	2				
						3	1	
			6		9			
3	8				5			
4							6	2

Solution see page 260

3								
6		8		5	2			
4						1	9	8
						4	3	
		7					5	
		2			9			
	6		8					7
			1	6		9		
							2	5

Solution see page 260

						3		8
4	6		2				9	
			7					
							1	
9	2							
				1	5		4	
		4						3
		5		8	4			
					1		6	2

Solution see page 261

6		5			1			
	1		7		3			
							9	6
1				4				
7				9				
	6						8	2
						9		
			1		8	7		
	2	6				5		

						4	8	
			6	5				
		7	9					
4				3				
8	3							1
				6				5
					3		9	
	1	5						7
			8		2		3	

Solution see page 261

						3	7	
9	4		1					
	6		8	2				
6	7							
						5	9	
				1			3	
		9	4		7			
					9			2
		5						6

Solution see page 262

							3	8
		5	4					
		6	5				4	7
							6	5
	7	2						
				8	7			
1								
8				7		9		1
			6		2			

Solution see page 262

						1	5	
			8		9			
1	3						8	
5								
				6				2
		8		2		6		7
		7			4			
					5		9	4
	6	2						

Solution see page 262

			5					
	9	3						
						3		8
		3					4	
6		2			8			
					6		7	
	3	8				9		
	1	9				2		
			4		2			

Solution see page 263

		3					7	8
			1	7				
		9				6		
							8	4
				5			6	
2	5			1				
	7							
	1			9	8		5	
					4		9	3

7	3	4					9	
				9				
	8					5	1	
					4			2
	5	7						
			9				4	8
1		9	8					
			2	1				
5							6	4

4					9	3	1	
	5		8					
	7		6					
			4	1				
	4	7		3				
							8	5
9								6
3				9	2			
							5	4

Solution see page 264

		8						
			3		7		9	
		6					7	
4	7						1	
				7	1	9		
			9		3	5		
		1		6				
8	9		4	5				
							4	2

	1		3					
							4	9
	5		2					
6		4						
						7		
	7			1		3		
		8			9			1
	3	2			6			
					4		9	8

Solution see page 264

3					4			6
4	6	5		3				
				8	7			
7								
				7	9	3		
	9					2	4	
8	2		4					
								1
	4		2			9	5	

Solution see page 265

6	5							
					5	3	9	
	9		6				2	
				7				
2				8		7		
						9	3	
		4						8
		1	2		3			
					9		6	

Solution see page 265

5						9		8
			2	7				
							3	6
		3		1	6			
							8	
		6			3		9	4
	5		9					
4	1							
			7	6		2		

Solution see page 265

5								
				5	1	3		
		4				6		
			4					
						2	7	1
		3	6			9		
	1			7				9
				8	9			5
	2	6						

Solution see page 266

			5				9	
2						4	3	
4	3	9						
		7		6				
			2	8				
	4						5	9
				3	1	8		
	6	8						
					4	2		1

Solution see page 266

5		4		8				
9							7	
			5		4			
			8					
	1		4			9		
2	3	9				1		
								6
	2	1		9				
7				2				5

Solution see page 266

			4	1				
	3		5				8	
9	7						5	
7						3		
			2		9			
3	5					8	2	
				6	3			
								1
		2	8					4

4	8	7						
						5	3	
					7		8	
8		1			9			4
			3		6			
	6		7					8
	1			9				5
				4		9	6	
	2	5						

Solution see page 267

				7	3			
1						6		
3	8			2				
7			5				6	
8	3							
			1			5	9	
	9							8
		1		6				4
					2			

Solution see page 267

1	5							
						3		8
	7			4		6		
			9				2	
3	6							
			2		7		5	
		8						
		7				8		9
	4		5	6				

Solution see page 268

7								8
							9	3
			4	3				6
	5					2	8	
				8	1			
	2				6	9		
		1			9			
		8					6	1
			5		2			

Solution see page 268

	3							7
						8		5
			3	4			2	
				6				
3						1		
9	4			7				
		6		8		7		
	1	8	5					
			2			4		

Solution see page 268

3					4			
			7	3	9			
						7	6	
2		5						
9				4	3			
					5		8	4
	8		6				4	
	1	6						
							5	2

Solution see page 269

		4						
		2	7		5		6	
							7	9
6	7							
						3		
			8		2	5		
	3			9				
				7			9	1
	2	5						

Solution see page 269

2		3						
			9	7			4	
			4	5				
3			6		9			
6						5		
							7	1
	8							
	9					2		8
			7	4				

Solution see page 269

4								3
8						4		6
			6	2		1		
	7		4					
						2	5	
9			8		7			
		6	7		9			
	9	1						
						3		4

Solution see page 270

			8			9	6	
9						8		
			7	2				
			9	6				
5		2						
8				7			9	
					2		5	4
	1							
		3			4			2

Solution see page 270

							3	
2	4				7			
				6				
	9	5	4				2	8
			1	8				
7								9
	8	9						
					2	4		
			3		4	5		

Solution see page 270

	3	7						
			4					
					6	9	2	
3		1			2	8		
	7	5						
					9	2		
6								
			5				4	7
			1					5

	8	3	9	5				
		5				1		9
	6			3				
			4	6				
2								
						5		1
	3	6						
				9	6	7		
				1			4	2

Solution see page 271

3								1
				4	5			
				3		6	9	
	5						2	3
					1		7	5
			7		9			
		7	8					
	8	1						
							5	2

7			9	6			3	
			3		8		9	
	4							
5		1						
9						6		
				7	6			
						2	4	8
				4	1			
		2				7		6

Solution see page 272

				3		7		
	9	7						
				8		4	2	
1			6					
2			1		5			
							8	5
	6							7
	5					6		9
			2	4				

					1			
	6				8	4		9
5		3						
		6						
							3	2
		5	7	6				
							2	3
	8				2		5	
	4		8		9			

Solution see page 272

	9		4		8	3		
8	6							
		4	6		3	7		
			2	4				
	1	8						
							9	
9							5	2
2			7				4	9
		6			1			

		1				2	4	9
	6	5						
				3	2			
3								
			5			4	8	
		2	4			7	5	
		7		9				
				6			9	1
	4	8	2					

Solution see page 273

						9	6	4
	4			8				
	9			5		2		
					2		3	
		3		6				1
7	2							
		1						
	6						1	8
	5		2	4				

Solution see page 273

4	6	5						
						2		
9			5		8			
6		7						
	8			9			7	1
				5				3
			4			3	8	
3	1							
			2	6			4	

Solution see page 274

			3					
	2				8			4
	6	3					7	
							8	
5		9						
			7	4			2	
		5			3	9		
			8	2				
8		1				5		

		1		9				
		5		2				3
						6		8
					3		5	
			2		6		1	
7		4						
	8	7						
	9					8		2
	3		4	5				

Solution see page 274

6						2	5	
			3		4	7		
2						8	9	
			4		3			
					5			7
		9	8			3		1
	4		9					
	5			1				
						6	2	

8	4							
				6	4			
	5	1				8		
			7	2	1			
4							5	
9							3	
				5	3			
		6			2			1
		2		4				6

Solution see page 275

	9				6			
			3					
	1					7	9	
7		4	2	5				
	5	6					7	
				4			8	
					1			
					9		5	2
4		5						6

Solution see page 275

			3		5			
			9			4	8	
9		4						
7	5						3	
8				5	7			
					2		1	
	4							6
				8	4			
	6	2						5

Solution see page 276

3			5		4			
			8		2		4	5
	3			6				4
6	1							
							8	2
			2		5			
		4				9		
	8	7	1			4		

5	4		2			7		
			9		3	8		
	1					5		
			3		9	1		
	8		4				6	
1							7	
		6		7			8	
		8						
						9		2

Solution see page 276

			5	6				
3	4					2		
	9				1	6		
		8					3	
			1		4			
		3	9				7	
			7	9	3			
								2
	1							5

Solution see page 277

		6	1					
							3	
	1	5	4					
8	2							
						9		
			5	1		4		
			9		2			3
					8		2	7
	5	4						

Solution see page 277

						3		5
4			7					
2			6					
		5						
						1		9
	2		8		7		5	
	8	3						
				9			2	4
				1			6	

Solution see page 277

	3							
		2						8
			5	9			1	
		8	1		2	5		
	2	6						
						7		1
				3			9	
7				1	8			
4			7				5	

Solution see page 278

3								
5			4		8		9	
						1		2
					5	9	2	
	7					6		
	9				4			
							8	
		1		6				
	6		3	7			4	

			8		2			
		6				3		
		9				7	5	
1				5				
								4
8			3					9
	9				8		4	
2	3			9	1			
							2	3

Solution see page 278

3								
1						7		5
	8		4		9			
	4				2			
	6	2				1		
						3	7	
		8		7				
6			8	1				
						9		4

		7					2	
3		1						
	2		6	7				
		5						
					3	4	1	
				9		2		
	7		9					
	6				5			8
			8		1		9	5

Solution see page 279

				2		8		
				7	3			2
6		4						
	3		9			1		
							8	
5	9		3					
		1						
						9		5
		6		1	2			7

3								
7				4				
		9			8		2	3
			3					5
		2	1				6	
		6					1	8
5	8							
1					6	7	8	
				7	9	4		

Solution see page 280

			4	5				
5	2				6			4
	9						3	7
3	6							
				1	3			
	5					6	8	
		9			8			
		4				2		9
				3	1			

Solution see page 280

	7	5						9
			3	5				
4								7
				2		5	6	
				7	1			
		6				3		
	9				8			
	1	8						
				3			2	4

Solution see page 280

4		8						
						3		
			5	8				7
		7		4				
					9		3	
2					3	9	1	
9	6							
			3	7				8
				2				5

2						5		
9						1	3	
				7	2			
			1					
			3			2	5	
		4						8
	6	9						
					1		9	
			5		7	3	1	

Solution see page 281

4		5						
		8		4	5			
								6
				5			2	
		2	7					
		3					9	1
	6					8		
	2		9		3			
	1					5		

Solution see page 281

7					9			2
						7		8
5				4	6		1	
	4	7			3		8	
	6		2	5				
							3	
		9			8			
				6	4			
		5				1		9

Solution see page 282

			3				2	
		3					6	5
5	1							4
4					1		9	
6	9							1
			2		7			
				4	5			
			1			8		
		2	9		8	3		

Solution see page 282

8				3				
						2		3
5			4	8				
	6	3						
4							9	
			5	1			4	
					2			6
	4	5						
					3	7		2

Solution see page 282

3								
5			6					
						4		7
	8				3			
			2	5	7			
		9				1	5	
6				9				
	7	1		4		3		
		8					6	2

Solution see page 283

	2	4			8		5	
				5	3			8
						1	7	
			8					
	3			4				5
	5	9				2		3
4						9	1	
1								
			6		2			

Solution see page 283

1	4							
				7			6	
	5			4			8	
9								
						6	2	
				1	5			7
		7						1
		2	8					
4			3	6				5

Solution see page 283

4		8				9		
							2	
3	1		5					
	6	7		2				
9				6		3		
				1		8		
6					9			
	3	4			8			
	7						6	1

Solution see page 284

3	1							
9							8	
		8	9		4			
	5	6						
				3		6	1	
			7			8		
		9						
		4		5				2
				1	2		7	5

Solution see page 284

		9		8			2	3
				3				
4		5				1		
6			4					
1			7		6			
						5		8
	8				1			
	9	1						
						4		5

Solution see page 284

			7					5
8								9
			6	4				
			1			3		
2		9			5			
		8				1		
	7			1			4	
5	4				9		7	
					2			

			4	5				
						6		1
	3	2						
					3		7	8
		5		1		3		
			7		8			
7				9				
1		9	2	3				
				6			5	2

	3							4
	9			5				
				4				8
5			6					
4		6		7				
							9	1
					1		7	
					9	2		
8		7				5		

	9		4					
			6			4		5
	6	1						
			2		8			
3						5		
					4	7		6
		9						
		8	3	1			6	
				6			2	1

Solution see page 286

4		3			7			
9							1	3
				5				2
	2		1			6		
	7							
				3	8			
							3	1
		9	6					
			2		9			7

4								
			6	5			1	
9						2	6	
	7			4		6		
						9		4
	6		1					
		8			9			
3			8		2			
							5	3

Solution see page 286

		5				8		
			9	8				
6		7				5		
			3	1	6			
								8
						4		2
					7	2	3	
		6	4		3		7	
	5							

3	2		9					
		9	6				8	
					4		5	
						9		7
			2	7				
6	8							
					1			
	1	4			5			
							6	2

Solution see page 287

8			4				1	
			6				9	
			2			4	3	
						3	4	6
		7						
		5		1				
					5			9
	3						6	
1	4				2			

Solution see page 287

			8					
9		8						
							5	7
							4	3
		1	9		8	7		
		9			2			
	7			4				
						6		
5	3			7				2

Solution see page 288

	3	5						
						8		
			5			4		1
	1	6						
		3	2		9			
				5				2
		8					7	
4				8		9		
				1	7		5	

				4	7	2		
						5		
4	1	6						
3								
6			2	3				
						9	7	
	5		1		9			
	8							4
					5			1

Solution see page 288

SOLUTIONS

1

6	2	7	4	3	1	9	5	8
5	1	8	6	7	9	3	2	4
3	4	9	5	8	2	7	6	1
4	6	5	2	1	7	8	9	3
2	7	3	8	9	4	6	1	5
8	9	1	3	6	5	4	7	2
9	8	6	1	5	3	2	4	7
7	5	2	9	4	8	1	3	6
1	3	4	7	2	6	5	8	9

2

1	3	4	8	6	7	9	2	5
5	7	6	2	4	9	3	1	8
2	8	9	1	5	3	7	6	4
9	5	7	3	2	4	6	8	1
8	2	3	5	1	6	4	7	9
6	4	1	9	7	8	5	3	2
7	9	2	6	8	5	1	4	3
4	1	5	7	3	2	8	9	6
3	6	8	4	9	1	2	5	7

3

6	3	7	4	1	2	8	9	5
1	2	8	3	5	9	7	4	6
9	4	5	6	8	7	3	1	2
8	7	4	2	9	3	6	5	1
2	1	6	7	4	5	9	8	3
5	9	3	1	6	8	2	7	4
4	8	1	9	2	6	5	3	7
7	5	2	8	3	4	1	6	9
3	6	9	5	7	1	4	2	8

SOLUTIONS

5	2	9	6	7	1	3	8	4
1	4	6	9	8	3	2	7	5
7	8	3	4	5	2	1	9	6
2	5	8	7	1	9	4	6	3
6	3	7	2	4	5	9	1	8
9	1	4	3	6	8	5	2	7
8	6	1	5	9	4	7	3	2
3	9	5	8	2	7	6	4	1
4	7	2	1	3	6	8	5	9

3	6	8	9	1	4	5	7	2
9	2	5	7	8	6	3	4	1
7	4	1	2	3	5	6	8	9
8	7	2	6	5	1	4	9	3
6	5	3	4	9	8	1	2	7
1	9	4	3	2	7	8	6	5
2	1	9	8	4	3	7	5	6
5	8	6	1	7	2	9	3	4
4	3	7	5	6	9	2	1	8

1	4	9	2	7	5	3	8	6
5	6	7	8	9	3	4	2	1
3	2	8	6	4	1	9	7	5
6	1	4	7	5	8	2	9	3
9	5	2	3	6	4	8	1	7
7	8	3	1	2	9	5	6	4
8	9	5	4	1	6	7	3	2
2	3	1	5	8	7	6	4	9
4	7	6	9	3	2	1	5	8

7

2	3	1	9	4	6	5	8	7
5	9	8	7	2	3	4	1	6
7	6	4	1	5	8	3	2	9
8	1	9	4	7	5	6	3	2
6	5	7	2	3	9	1	4	8
3	4	2	6	8	1	7	9	5
9	2	6	5	1	4	8	7	3
1	8	5	3	9	7	2	6	4
4	7	3	8	6	2	9	5	1

8

5	3	9	8	4	1	6	2	7
2	7	8	5	6	3	9	1	4
6	1	4	7	2	9	8	5	3
7	6	3	2	1	8	5	4	9
4	2	5	3	9	6	1	7	8
8	9	1	4	7	5	3	6	2
9	8	2	1	5	7	4	3	6
3	5	7	6	8	4	2	9	1
1	4	6	9	3	2	7	8	5

9

9	8	1	3	4	6	7	5	2
4	6	2	5	8	7	3	9	1
5	7	3	2	1	9	8	6	4
3	2	7	8	9	1	6	4	5
1	4	5	6	3	2	9	8	7
6	9	8	7	5	4	2	1	3
2	1	4	9	6	3	5	7	8
8	3	6	4	7	5	1	2	9
7	5	9	1	2	8	4	3	6

SOLUTIONS

6	4	1	9	5	8	7	3	2
5	3	9	7	2	6	8	4	1
8	7	2	3	4	1	6	5	9
4	6	3	2	7	5	9	1	8
7	2	8	1	3	9	5	6	4
9	1	5	8	6	4	3	2	7
2	9	6	4	8	3	1	7	5
1	5	4	6	9	7	2	8	3
3	8	7	5	1	2	4	9	6

5	8	9	7	6	3	2	4	1
6	4	1	5	9	2	8	7	3
3	2	7	4	8	1	6	9	5
1	9	4	8	5	7	3	2	6
2	3	8	9	1	6	7	5	4
7	5	6	3	2	4	9	1	8
4	6	5	2	7	8	1	3	9
8	7	3	1	4	9	5	6	2
9	1	2	6	3	5	4	8	7

7	1	6	3	2	4	9	5	8
4	8	5	9	7	1	3	2	6
3	2	9	5	6	8	1	4	7
5	9	1	8	4	3	7	6	2
2	3	8	6	5	7	4	1	9
6	7	4	2	1	9	5	8	3
9	6	3	1	8	5	2	7	4
8	5	7	4	9	2	6	3	1
1	4	2	7	3	6	8	9	5

13

6	1	3	8	2	5	7	4	9
7	8	5	4	1	9	3	2	6
9	2	4	7	6	3	1	5	8
4	5	9	1	8	7	6	3	2
1	3	2	5	4	6	8	9	7
8	7	6	9	3	2	5	1	4
5	4	7	6	9	1	2	8	3
3	9	1	2	7	8	4	6	5
2	6	8	3	5	4	9	7	1

14

8	7	9	5	1	3	2	6	4
1	6	5	2	4	7	3	8	9
3	2	4	8	9	6	1	5	7
5	4	1	3	7	2	6	9	8
2	9	7	6	8	1	5	4	3
6	3	8	4	5	9	7	1	2
7	8	6	9	3	5	4	2	1
4	1	2	7	6	8	9	3	5
9	5	3	1	2	4	8	7	6

15

3	2	1	4	5	6	7	8	9
4	8	6	7	9	2	3	5	1
5	9	7	3	8	1	6	4	2
2	7	5	1	3	4	8	9	6
9	3	4	8	6	7	2	1	5
6	1	8	9	2	5	4	7	3
1	6	2	5	4	8	9	3	7
7	4	9	6	1	3	5	2	8
8	5	3	2	7	9	1	6	4

SOLUTIONS

7	9	6	4	1	2	3	5	8
1	3	4	5	9	8	7	6	2
2	8	5	7	3	6	9	1	4
6	1	8	2	7	4	5	3	9
5	2	3	6	8	9	4	7	1
9	4	7	3	5	1	2	8	6
8	7	9	1	2	3	6	4	5
3	6	1	9	4	5	8	2	7
4	5	2	8	6	7	1	9	3

4	9	5	3	1	2	6	8	7
1	3	7	8	6	4	5	9	2
6	2	8	7	9	5	3	4	1
8	1	4	9	2	3	7	6	5
9	7	2	5	4	6	8	1	3
5	6	3	1	8	7	4	2	9
3	8	9	4	7	1	2	5	6
7	4	6	2	5	9	1	3	8
2	5	1	6	3	8	9	7	4

5	1	2	7	4	3	8	6	9
4	6	7	8	9	5	1	3	2
9	3	8	1	6	2	5	7	4
8	9	3	5	2	7	6	4	1
7	4	5	3	1	6	9	2	8
1	2	6	9	8	4	3	5	7
6	5	9	2	7	8	4	1	3
2	8	4	6	3	1	7	9	5
3	7	1	4	5	9	2	8	6

19

3	9	6	2	7	1	4	5	8
4	7	2	3	5	8	1	6	9
1	8	5	4	9	6	3	2	7
9	2	4	6	3	5	8	7	1
6	3	7	8	1	2	5	9	4
8	5	1	9	4	7	2	3	6
5	4	8	7	6	3	9	1	2
7	1	9	5	2	4	6	8	3
2	6	3	1	8	9	7	4	5

20

5	8	1	4	3	6	2	9	7
2	7	4	5	9	8	3	6	1
9	6	3	7	1	2	4	5	8
1	4	8	2	5	9	6	7	3
6	5	2	1	7	3	8	4	9
3	9	7	8	6	4	1	2	5
4	2	5	9	8	1	7	3	6
7	1	6	3	2	5	9	8	4
8	3	9	6	4	7	5	1	2

21

8	7	1	5	6	4	2	3	9
6	3	5	1	9	2	4	7	8
2	9	4	3	8	7	6	5	1
5	6	7	8	3	1	9	2	4
4	2	8	9	7	6	3	1	5
9	1	3	4	2	5	7	8	6
3	4	6	7	5	8	1	9	2
7	8	2	6	1	9	5	4	3
1	5	9	2	4	3	8	6	7

SOLUTIONS

22

7	3	6	4	2	8	9	5	1
4	8	5	1	9	3	2	6	7
2	9	1	6	7	5	8	4	3
8	6	7	3	4	1	5	2	9
5	4	3	9	6	2	7	1	8
1	2	9	8	5	7	4	3	6
3	1	4	2	8	9	6	7	5
9	5	2	7	3	6	1	8	4
6	7	8	5	1	4	3	9	2

23

7	2	4	6	9	3	1	8	5
8	1	3	7	5	2	6	9	4
6	9	5	8	4	1	7	3	2
1	7	2	5	6	8	9	4	3
3	5	9	4	2	7	8	6	1
4	6	8	1	3	9	5	2	7
5	3	6	9	1	4	2	7	8
2	8	1	3	7	6	4	5	9
9	4	7	2	8	5	3	1	6

24

5	4	2	9	7	6	3	1	8
9	8	7	3	4	1	5	2	6
3	6	1	5	8	2	4	9	7
8	2	3	1	9	4	7	6	5
4	9	6	7	3	5	2	8	1
1	7	5	6	2	8	9	4	3
2	5	8	4	1	7	6	3	9
6	1	9	2	5	3	8	7	4
7	3	4	8	6	9	1	5	2

25

8	2	5	1	4	6	7	3	9
3	9	1	7	8	5	2	4	6
7	4	6	2	9	3	5	8	1
9	8	2	4	5	1	3	6	7
6	7	4	9	3	8	1	2	5
5	1	3	6	7	2	8	9	4
2	3	7	5	6	4	9	1	8
1	6	9	8	2	7	4	5	3
4	5	8	3	1	9	6	7	2

26

1	7	3	5	4	6	2	8	9
6	9	8	2	7	1	4	3	5
4	2	5	9	8	3	1	6	7
9	1	4	6	2	7	8	5	3
3	5	2	4	9	8	7	1	6
8	6	7	1	3	5	9	4	2
2	4	1	3	5	9	6	7	8
5	8	6	7	1	2	3	9	4
7	3	9	8	6	4	5	2	1

27

9	3	4	2	7	1	5	8	6
2	5	1	6	9	8	3	4	7
7	6	8	4	5	3	9	2	1
3	8	7	9	6	4	2	1	5
1	2	6	7	8	5	4	9	3
4	9	5	3	1	2	7	6	8
8	1	3	5	4	9	6	7	2
6	4	2	8	3	7	1	5	9
5	7	9	1	2	6	8	3	4

SOLUTIONS

28

9	1	6	7	2	5	3	4	8
8	2	4	1	6	3	9	5	7
7	5	3	4	8	9	6	1	2
4	6	7	2	3	1	5	8	9
5	8	1	9	7	6	2	3	4
3	9	2	8	5	4	1	7	6
6	7	9	3	1	8	4	2	5
2	3	5	6	4	7	8	9	1
1	4	8	5	9	2	7	6	3

29

7	5	9	8	4	1	3	6	2
3	2	4	5	6	7	1	9	8
8	6	1	3	2	9	7	5	4
2	4	3	6	7	5	8	1	9
1	9	6	2	3	8	5	4	7
5	8	7	1	9	4	6	2	3
9	7	5	4	8	6	2	3	1
4	1	2	7	5	3	9	8	6
6	3	8	9	1	2	4	7	5

30

2	1	3	7	8	5	9	6	4
8	6	7	9	1	4	5	3	2
5	4	9	6	2	3	1	7	8
6	7	5	2	3	8	4	9	1
4	3	8	5	9	1	6	2	7
1	9	2	4	7	6	3	8	5
9	8	6	1	4	7	2	5	3
3	2	1	8	5	9	7	4	6
7	5	4	3	6	2	8	1	9

31

2	8	1	3	9	5	7	4	6
7	4	3	1	8	6	5	2	9
5	9	6	4	7	2	1	3	8
1	7	8	9	6	3	2	5	4
6	5	4	7	2	8	9	1	3
9	3	2	5	4	1	6	8	7
4	6	5	2	3	9	8	7	1
8	1	7	6	5	4	3	9	2
3	2	9	8	1	7	4	6	5

32

7	1	4	5	3	6	2	9	8
3	2	8	7	4	9	5	1	6
9	5	6	2	8	1	3	4	7
1	7	3	8	9	5	6	2	4
4	8	5	6	2	7	1	3	9
6	9	2	3	1	4	7	8	5
8	6	9	1	7	3	4	5	2
5	4	1	9	6	2	8	7	3
2	3	7	4	5	8	9	6	1

33

3	5	8	1	4	2	6	7	9
1	7	6	9	5	3	4	8	2
9	2	4	6	8	7	3	1	5
2	1	7	8	6	4	9	5	3
6	9	3	7	1	5	8	2	4
8	4	5	2	3	9	1	6	7
4	3	1	5	7	8	2	9	6
7	6	9	3	2	1	5	4	8
5	8	2	4	9	6	7	3	1

SOLUTIONS

34

6	7	9	1	5	3	2	4	8
2	8	3	7	9	4	6	1	5
4	5	1	8	2	6	3	9	7
3	4	7	5	8	2	1	6	9
5	6	2	3	1	9	8	7	4
9	1	8	6	4	7	5	3	2
1	9	4	2	6	8	7	5	3
7	2	5	9	3	1	4	8	6
8	3	6	4	7	5	9	2	1

35

4	2	9	7	3	6	1	8	5
1	3	7	8	4	5	9	2	6
6	5	8	1	2	9	7	3	4
9	7	3	2	6	8	5	4	1
2	6	4	3	5	1	8	7	9
5	8	1	9	7	4	2	6	3
7	4	6	5	9	2	3	1	8
8	9	2	4	1	3	6	5	7
3	1	5	6	8	7	4	9	2

36

6	2	9	8	7	5	3	1	4
7	1	5	4	2	3	6	9	8
3	8	4	9	1	6	5	7	2
8	3	2	1	4	7	9	5	6
9	4	7	6	5	2	8	3	1
5	6	1	3	8	9	4	2	7
1	5	8	2	9	4	7	6	3
2	7	3	5	6	8	1	4	9
4	9	6	7	3	1	2	8	5

37

4	3	6	9	2	5	1	7	8
9	5	7	1	4	8	3	6	2
1	8	2	6	7	3	9	4	5
7	2	8	3	5	4	6	9	1
5	6	1	2	9	7	8	3	4
3	9	4	8	6	1	2	5	7
2	4	9	5	8	6	7	1	3
8	7	3	4	1	9	5	2	6
6	1	5	7	3	2	4	8	9

38

5	9	8	2	1	3	6	4	7
7	3	4	6	8	5	2	9	1
2	1	6	9	7	4	5	3	8
1	7	5	8	6	9	4	2	3
4	6	3	7	5	2	8	1	9
9	8	2	4	3	1	7	6	5
3	4	1	5	2	8	9	7	6
8	2	7	3	9	6	1	5	4
6	5	9	1	4	7	3	8	2

39

9	7	6	5	8	4	2	1	3
3	8	4	9	1	2	7	5	6
1	2	5	7	3	6	8	9	4
2	3	1	4	9	8	6	7	5
4	5	9	1	6	7	3	2	8
8	6	7	3	2	5	9	4	1
7	9	8	6	4	1	5	3	2
5	4	2	8	7	3	1	6	9
6	1	3	2	5	9	4	8	7

SOLUTIONS

40

8	1	4	9	3	6	2	7	5
7	3	2	4	5	1	6	9	8
9	5	6	8	2	7	3	4	1
2	4	8	3	7	9	5	1	6
1	6	9	5	8	2	7	3	4
5	7	3	1	6	4	8	2	9
3	2	1	6	4	5	9	8	7
6	9	7	2	1	8	4	5	3
4	8	5	7	9	3	1	6	2

41

1	2	4	9	6	3	7	8	5
7	3	6	5	8	2	4	9	1
8	5	9	4	1	7	3	6	2
4	8	5	2	3	1	6	7	9
9	1	2	7	4	6	8	5	3
6	7	3	8	9	5	1	2	4
5	4	7	3	2	8	9	1	6
2	9	1	6	7	4	5	3	8
3	6	8	1	5	9	2	4	7

42

7	9	4	1	6	8	3	5	2
5	8	2	9	7	3	4	1	6
1	3	6	2	5	4	9	8	7
9	1	5	4	2	7	8	6	3
6	2	8	3	9	5	1	7	4
3	4	7	6	8	1	2	9	5
2	5	9	8	4	6	7	3	1
4	6	3	7	1	9	5	2	8
8	7	1	5	3	2	6	4	9

43

5	7	4	9	1	6	3	8	2
2	8	6	4	3	7	9	5	1
1	9	3	8	5	2	6	7	4
3	6	5	1	4	9	8	2	7
8	4	9	2	7	5	1	6	3
7	2	1	6	8	3	5	4	9
9	3	7	5	6	4	2	1	8
4	5	8	3	2	1	7	9	6
6	1	2	7	9	8	4	3	5

 44

5	4	1	7	6	8	2	9	3
8	2	3	9	4	1	6	7	5
7	9	6	2	3	5	8	4	1
1	3	2	6	5	4	9	8	7
6	7	5	8	1	9	3	2	4
9	8	4	3	2	7	5	1	6
3	5	8	4	7	2	1	6	9
4	6	9	1	8	3	7	5	2
2	1	7	5	9	6	4	3	8

 45

5	6	3	4	2	7	8	9	1
9	4	7	1	5	8	2	3	6
2	8	1	3	9	6	5	7	4
7	1	4	5	6	9	3	2	8
3	2	5	8	4	1	7	6	9
6	9	8	7	3	2	4	1	5
1	3	2	9	8	4	6	5	7
8	5	9	6	7	3	1	4	2
4	7	6	2	1	5	9	8	3

SOLUTIONS

46

4	8	6	1	2	3	5	7	9
5	3	7	4	9	6	1	2	8
9	2	1	5	7	8	4	3	6
3	5	8	7	4	2	6	9	1
1	4	2	3	6	9	8	5	7
6	7	9	8	1	5	3	4	2
2	1	3	9	8	4	7	6	5
8	9	4	6	5	7	2	1	3
7	6	5	2	3	1	9	8	4

47

6	2	8	9	1	3	7	5	4
5	1	4	6	2	7	9	8	3
3	9	7	5	4	8	2	6	1
7	5	2	3	8	9	4	1	6
4	8	9	1	6	2	3	7	5
1	6	3	7	5	4	8	2	9
2	4	6	8	3	5	1	9	7
8	7	5	4	9	1	6	3	2
9	3	1	2	7	6	5	4	8

48

7	2	6	9	4	1	3	8	5
1	3	9	8	7	5	4	2	6
4	5	8	2	3	6	9	1	7
8	7	2	4	1	9	5	6	3
6	4	5	3	2	8	7	9	1
3	9	1	5	6	7	8	4	2
5	6	4	1	8	3	2	7	9
2	1	3	7	9	4	6	5	8
9	8	7	6	5	2	1	3	4

49

5	4	9	8	1	2	7	3	6
6	3	8	7	9	4	1	5	2
1	2	7	6	5	3	4	9	8
9	7	6	4	8	1	5	2	3
8	5	3	2	7	9	6	1	4
4	1	2	5	3	6	8	7	9
3	9	4	1	6	5	2	8	7
7	6	1	3	2	8	9	4	5
2	8	5	9	4	7	3	6	1

50

7	9	4	6	1	2	8	5	3
5	6	2	7	8	3	1	4	9
3	1	8	5	4	9	7	6	2
2	8	9	4	6	1	5	3	7
4	3	1	9	7	5	2	8	6
6	7	5	3	2	8	4	9	1
9	2	3	1	5	4	6	7	8
8	4	7	2	9	6	3	1	5
1	5	6	8	3	7	9	2	4

51

9	6	2	8	7	3	5	4	1
5	7	3	1	4	9	8	2	6
8	1	4	5	6	2	9	7	3
7	2	9	3	1	5	4	6	8
1	3	8	4	9	6	2	5	7
4	5	6	2	8	7	1	3	9
3	9	1	7	2	4	6	8	5
2	8	7	6	5	1	3	9	4
6	4	5	9	3	8	7	1	2

SOLUTIONS

1	8	5	6	3	2	9	4	7
2	6	4	1	9	7	5	8	3
9	3	7	8	4	5	6	2	1
7	1	6	4	2	3	8	5	9
5	2	3	9	7	8	4	1	6
8	4	9	5	1	6	3	7	2
6	5	1	2	8	9	7	3	4
4	7	8	3	6	1	2	9	5
3	9	2	7	5	4	1	6	8

5	4	3	1	8	2	6	7	9
9	6	8	7	5	4	2	1	3
1	7	2	3	6	9	5	4	8
7	8	4	6	2	1	3	9	5
3	5	1	9	7	8	4	6	2
2	9	6	4	3	5	1	8	7
4	1	5	2	9	7	8	3	6
8	3	9	5	1	6	7	2	4
6	2	7	8	4	3	9	5	1

3	2	5	7	1	9	8	4	6
9	7	1	8	4	6	5	2	3
4	8	6	2	5	3	1	7	9
1	6	9	4	2	8	3	5	7
8	4	7	5	3	1	9	6	2
2	5	3	6	9	7	4	8	1
5	3	4	9	6	2	7	1	8
7	1	2	3	8	5	6	9	4
6	9	8	1	7	4	2	3	5

55

3	8	4	6	9	7	2	1	5
7	5	1	3	2	8	9	6	4
6	9	2	1	5	4	8	3	7
1	6	7	2	4	3	5	9	8
8	4	5	7	6	9	1	2	3
2	3	9	8	1	5	7	4	6
5	2	8	4	3	1	6	7	9
4	7	6	9	8	2	3	5	1
9	1	3	5	7	6	4	8	2

56

1	9	7	3	2	5	8	6	4
8	3	5	4	7	6	1	2	9
2	4	6	9	8	1	5	3	7
6	8	9	5	1	3	4	7	2
7	5	1	6	4	2	3	9	8
3	2	4	8	9	7	6	1	5
9	1	8	7	6	4	2	5	3
5	7	2	1	3	8	9	4	6
4	6	3	2	5	9	7	8	1

57

3	8	6	7	9	5	4	2	1
5	1	2	3	8	4	7	9	6
7	4	9	1	2	6	8	3	5
6	9	4	2	5	1	3	8	7
2	7	8	9	6	3	5	1	4
1	5	3	8	4	7	2	6	9
8	2	1	5	7	9	6	4	3
9	6	7	4	3	8	1	5	2
4	3	5	6	1	2	9	7	8

SOLUTIONS

58

4	6	2	7	3	8	5	9	1
8	7	1	5	2	9	4	6	3
3	9	5	6	1	4	8	2	7
1	5	3	9	4	2	7	8	6
9	8	4	1	7	6	3	5	2
6	2	7	8	5	3	1	4	9
5	1	9	4	6	7	2	3	8
7	3	8	2	9	5	6	1	4
2	4	6	3	8	1	9	7	5

59

1	7	2	6	9	5	8	3	4
8	5	6	1	3	4	7	9	2
4	3	9	7	8	2	6	5	1
6	1	5	9	2	8	3	4	7
7	4	8	5	1	3	9	2	6
2	9	3	4	6	7	1	8	5
3	8	7	2	5	1	4	6	9
9	2	4	3	7	6	5	1	8
5	6	1	8	4	9	2	7	3

60

3	5	6	9	7	8	4	2	1
1	9	7	2	4	6	5	8	3
2	8	4	3	5	1	9	7	6
8	1	2	5	9	3	6	4	7
7	6	9	4	8	2	1	3	5
5	4	3	6	1	7	8	9	2
6	7	8	1	3	9	2	5	4
9	2	5	7	6	4	3	1	8
4	3	1	8	2	5	7	6	9

61

6	9	2	5	7	8	3	4	1
7	5	3	4	2	1	6	9	8
4	1	8	3	6	9	7	2	5
9	6	4	2	1	3	5	8	7
3	2	1	7	8	5	4	6	9
5	8	7	6	9	4	1	3	2
1	7	6	9	4	2	8	5	3
8	3	9	1	5	6	2	7	4
2	4	5	8	3	7	9	1	6

62

4	5	8	6	1	7	3	9	2
1	3	9	4	2	8	5	6	7
6	2	7	3	5	9	8	1	4
8	6	3	5	9	4	2	7	1
5	1	4	7	6	2	9	3	8
7	9	2	8	3	1	4	5	6
9	7	6	2	8	3	1	4	5
2	4	1	9	7	5	6	8	3
3	8	5	1	4	6	7	2	9

63

9	8	2	7	1	4	3	5	6
3	6	1	5	2	8	7	4	9
5	7	4	9	3	6	1	2	8
1	9	6	3	4	7	2	8	5
7	4	8	2	6	5	9	3	1
2	5	3	8	9	1	4	6	7
6	2	9	1	8	3	5	7	4
4	3	7	6	5	9	8	1	2
8	1	5	4	7	2	6	9	3

SOLUTIONS

64

8	5	4	9	6	3	7	2	1
2	6	3	7	4	1	5	8	9
1	9	7	8	2	5	6	4	3
7	1	2	3	8	6	4	9	5
6	3	5	2	9	4	8	1	7
9	4	8	5	1	7	3	6	2
5	2	9	4	3	8	1	7	6
3	8	1	6	7	2	9	5	4
4	7	6	1	5	9	2	3	8

65

2	7	4	9	3	6	8	5	1
1	6	3	4	8	5	7	9	2
8	5	9	2	1	7	3	6	4
7	9	6	8	5	1	2	4	3
5	8	2	3	9	4	1	7	6
3	4	1	6	7	2	9	8	5
6	3	8	5	2	9	4	1	7
4	2	7	1	6	8	5	3	9
9	1	5	7	4	3	6	2	8

66

5	3	4	6	1	7	9	2	8
2	7	1	9	5	8	6	3	4
8	6	9	4	3	2	1	5	7
1	9	7	8	2	6	5	4	3
6	4	5	3	7	9	2	8	1
3	2	8	5	4	1	7	9	6
9	5	6	1	8	3	4	7	2
7	1	3	2	9	4	8	6	5
4	8	2	7	6	5	3	1	9

67

8	5	1	2	3	7	9	4	6
4	7	2	1	6	9	8	3	5
6	9	3	8	5	4	7	2	1
2	4	5	3	8	1	6	9	7
7	6	8	9	4	5	3	1	2
1	3	9	6	7	2	5	8	4
3	2	4	7	9	6	1	5	8
9	1	7	5	2	8	4	6	3
5	8	6	4	1	3	2	7	9

68

9	1	6	4	5	2	3	8	7
8	5	7	3	1	9	2	4	6
2	3	4	6	8	7	5	9	1
6	2	8	7	3	5	4	1	9
3	9	5	1	4	6	7	2	8
7	4	1	2	9	8	6	5	3
1	7	3	8	2	4	9	6	5
4	6	9	5	7	1	8	3	2
5	8	2	9	6	3	1	7	4

69

4	1	9	2	7	5	6	3	8
7	6	5	3	8	1	4	9	2
8	2	3	4	6	9	5	7	1
1	3	6	8	9	2	7	5	4
9	5	4	7	1	3	2	8	6
2	7	8	6	5	4	9	1	3
6	8	1	5	4	7	3	2	9
3	9	7	1	2	6	8	4	5
5	4	2	9	3	8	1	6	7

SOLUTIONS

70

2	5	6	4	7	3	9	8	1
4	7	8	1	5	9	2	6	3
3	9	1	2	8	6	5	4	7
9	8	4	5	2	1	3	7	6
6	2	7	8	3	4	1	5	9
1	3	5	6	9	7	8	2	4
7	1	2	9	6	5	4	3	8
8	6	9	3	4	2	7	1	5
5	4	3	7	1	8	6	9	2

71

7	3	1	9	6	2	8	4	5
5	9	4	1	8	7	3	2	6
8	2	6	5	4	3	9	1	7
4	5	9	6	2	8	7	3	1
2	8	3	7	5	1	4	6	9
6	1	7	4	3	9	2	5	8
3	7	5	2	9	6	1	8	4
1	4	2	8	7	5	6	9	3
9	6	8	3	1	4	5	7	2

72

5	9	8	3	2	4	7	1	6
3	2	6	9	7	1	4	5	8
7	4	1	8	5	6	3	9	2
8	3	9	5	1	2	6	4	7
6	1	7	4	8	9	5	2	3
4	5	2	7	6	3	1	8	9
1	8	5	6	9	7	2	3	4
9	7	3	2	4	5	8	6	1
2	6	4	1	3	8	9	7	5

73

2	7	5	9	6	4	3	8	1
3	6	8	2	1	7	9	4	5
1	9	4	5	3	8	6	2	7
7	4	3	1	8	2	5	9	6
9	5	2	4	7	6	8	1	3
8	1	6	3	5	9	2	7	4
5	3	7	8	2	1	4	6	9
6	8	9	7	4	5	1	3	2
4	2	1	6	9	3	7	5	8

74

9	3	4	8	2	7	1	5	6
2	1	7	9	5	6	4	8	3
8	6	5	1	4	3	7	2	9
7	2	1	3	8	9	6	4	5
5	9	3	7	6	4	8	1	2
4	8	6	5	1	2	9	3	7
1	4	9	6	3	5	2	7	8
3	7	2	4	9	8	5	6	1
6	5	8	2	7	1	3	9	4

75

6	9	4	5	1	8	7	2	3
5	8	7	3	4	2	6	9	1
2	1	3	6	7	9	8	4	5
8	4	2	9	3	6	5	1	7
7	3	1	8	5	4	9	6	2
9	6	5	7	2	1	3	8	4
4	7	8	1	9	3	2	5	6
3	2	6	4	8	5	1	7	9
1	5	9	2	6	7	4	3	8

SOLUTIONS

76

4	5	2	3	6	9	7	8	1
3	7	1	4	8	2	6	5	9
9	8	6	5	1	7	4	3	2
6	4	9	1	3	5	8	2	7
1	2	8	6	7	4	3	9	5
7	3	5	9	2	8	1	4	6
2	1	3	8	9	6	5	7	4
8	9	4	7	5	1	2	6	3
5	6	7	2	4	3	9	1	8

77

8	9	6	5	1	4	3	7	2
2	5	3	7	6	9	8	1	4
7	1	4	8	3	2	5	6	9
3	2	8	4	9	6	7	5	1
1	7	9	2	5	8	6	4	3
4	6	5	1	7	3	2	9	8
9	3	2	6	4	5	1	8	7
6	4	1	3	8	7	9	2	5
5	8	7	9	2	1	4	3	6

78

3	4	5	9	6	8	2	7	1
1	8	2	5	4	7	3	9	6
6	7	9	2	1	3	4	5	8
4	1	8	3	9	6	7	2	5
9	5	7	4	2	1	8	6	3
2	6	3	8	7	5	9	1	4
7	3	4	1	5	2	6	8	9
5	9	6	7	8	4	1	3	2
8	2	1	6	3	9	5	4	7

79

9	8	4	2	7	5	1	3	6
2	3	6	8	1	9	7	4	5
1	7	5	6	3	4	8	2	9
6	1	7	5	9	3	2	8	4
4	5	3	1	8	2	9	6	7
8	2	9	7	4	6	5	1	3
3	9	2	4	5	1	6	7	8
5	6	8	3	2	7	4	9	1
7	4	1	9	6	8	3	5	2

 80

4	6	8	1	5	7	3	2	9
5	2	1	6	3	9	8	4	7
3	7	9	8	2	4	1	6	5
9	3	5	7	6	2	4	1	8
1	8	7	5	4	3	2	9	6
6	4	2	9	1	8	7	5	3
8	9	4	2	7	6	5	3	1
7	1	3	4	9	5	6	8	2
2	5	6	3	8	1	9	7	4

 81

3	4	1	6	9	8	7	5	2
9	5	6	2	7	1	8	4	3
8	2	7	3	4	5	9	6	1
6	1	4	9	2	3	5	7	8
5	9	3	7	8	4	1	2	6
7	8	2	1	5	6	4	3	9
4	7	9	8	3	2	6	1	5
2	6	8	5	1	7	3	9	4
1	3	5	4	6	9	2	8	7

SOLUTIONS

82

2	9	5	1	4	7	3	6	8
7	1	6	8	3	5	4	9	2
8	3	4	9	2	6	5	7	1
1	4	3	7	5	8	6	2	9
5	7	8	2	6	9	1	4	3
9	6	2	4	1	3	7	8	5
4	5	1	6	9	2	8	3	7
6	8	9	3	7	1	2	5	4
3	2	7	5	8	4	9	1	6

83

9	7	8	1	2	6	3	5	4
2	5	6	9	4	3	1	7	8
1	3	4	7	5	8	2	9	6
5	8	1	3	7	9	6	4	2
7	6	3	2	8	4	9	1	5
4	2	9	6	1	5	8	3	7
6	4	5	8	9	1	7	2	3
8	9	2	4	3	7	5	6	1
3	1	7	5	6	2	4	8	9

84

1	4	3	9	8	6	7	2	5
5	6	9	7	2	3	8	1	4
7	8	2	5	4	1	9	3	6
2	5	4	6	7	8	1	9	3
6	7	8	3	1	9	5	4	2
3	9	1	2	5	4	6	7	8
8	2	6	4	9	7	3	5	1
4	3	7	1	6	5	2	8	9
9	1	5	8	3	2	4	6	7

85

3	9	5	4	6	8	7	2	1
4	8	7	2	5	1	6	3	9
6	2	1	9	7	3	5	8	4
8	3	4	1	9	5	2	6	7
5	1	9	6	2	7	3	4	8
7	6	2	3	8	4	1	9	5
2	4	3	7	1	9	8	5	6
1	5	6	8	4	2	9	7	3
9	7	8	5	3	6	4	1	2

86

9	4	1	2	6	5	3	8	7
2	6	7	9	3	8	1	5	4
8	3	5	7	4	1	6	2	9
7	5	6	4	8	9	2	1	3
1	8	2	5	7	3	4	9	6
4	9	3	1	2	6	5	7	8
5	2	8	6	9	4	7	3	1
3	1	4	8	5	7	9	6	2
6	7	9	3	1	2	8	4	5

87

1	7	4	5	8	6	3	9	2
5	9	8	2	3	1	7	6	4
3	6	2	9	4	7	5	8	1
9	4	1	8	6	5	2	7	3
8	2	3	1	7	4	9	5	6
6	5	7	3	2	9	4	1	8
4	8	5	7	1	2	6	3	9
2	1	9	6	5	3	8	4	7
7	3	6	4	9	8	1	2	5

SOLUTIONS

9	3	1	8	5	6	4	7	2
4	8	2	7	9	1	5	6	3
6	7	5	4	3	2	1	8	9
1	4	6	3	7	8	2	9	5
8	9	3	1	2	5	6	4	7
5	2	7	9	6	4	3	1	8
3	1	8	2	4	7	9	5	6
2	6	4	5	8	9	7	3	1
7	5	9	6	1	3	8	2	4

2	4	8	3	1	5	7	9	6
1	6	3	7	9	4	8	2	5
9	7	5	6	8	2	4	3	1
5	8	7	1	6	3	2	4	9
6	1	9	2	4	7	5	8	3
3	2	4	8	5	9	1	6	7
7	9	2	5	3	8	6	1	4
4	5	1	9	2	6	3	7	8
8	3	6	4	7	1	9	5	2

4	5	7	2	6	8	9	3	1
9	2	3	4	1	7	5	8	6
1	6	8	9	5	3	4	2	7
6	9	5	1	3	4	8	7	2
8	3	4	7	2	6	1	9	5
7	1	2	8	9	5	6	4	3
2	8	9	6	7	1	3	5	4
5	7	6	3	4	9	2	1	8
3	4	1	5	8	2	7	6	9

91

9	3	8	6	1	5	2	4	7
5	7	2	3	8	4	9	1	6
6	4	1	7	2	9	5	8	3
3	8	6	1	4	2	7	5	9
4	5	7	9	6	3	8	2	1
2	1	9	5	7	8	3	6	4
1	9	3	8	5	6	4	7	2
8	6	4	2	9	7	1	3	5
7	2	5	4	3	1	6	9	8

92

3	2	4	7	8	9	5	1	6
7	5	6	4	3	1	8	2	9
9	8	1	5	6	2	4	3	7
5	6	8	9	2	7	3	4	1
4	1	3	8	5	6	9	7	2
2	7	9	1	4	3	6	8	5
1	3	5	6	7	8	2	9	4
6	9	2	3	1	4	7	5	8
8	4	7	2	9	5	1	6	3

93

4	5	2	1	9	6	3	7	8
6	8	3	2	7	5	4	1	9
9	7	1	8	3	4	6	2	5
2	3	8	9	5	1	7	6	4
7	6	4	3	2	8	5	9	1
1	9	5	6	4	7	2	8	3
3	2	6	4	8	9	1	5	7
5	4	9	7	1	2	8	3	6
8	1	7	5	6	3	9	4	2

SOLUTIONS

94

8	6	9	1	7	3	4	5	2
4	2	3	6	8	5	9	1	7
5	1	7	4	2	9	6	8	3
2	9	5	7	6	1	8	3	4
1	4	8	9	3	2	5	7	6
7	3	6	8	5	4	2	9	1
3	8	1	2	9	6	7	4	5
6	7	4	5	1	8	3	2	9
9	5	2	3	4	7	1	6	8

95

6	2	8	9	7	4	3	1	5
5	4	1	3	2	8	7	9	6
7	9	3	1	6	5	8	4	2
4	6	2	7	1	3	5	8	9
8	3	5	4	9	6	1	2	7
1	7	9	8	5	2	4	6	3
3	1	6	2	8	7	9	5	4
2	8	4	5	3	9	6	7	1
9	5	7	6	4	1	2	3	8

96

9	6	4	7	1	3	5	8	2
1	8	5	6	4	2	7	9	3
7	2	3	9	8	5	4	6	1
8	9	6	1	5	4	3	2	7
2	5	1	3	7	8	6	4	9
4	3	7	2	6	9	8	1	5
5	4	2	8	3	1	9	7	6
3	7	9	4	2	6	1	5	8
6	1	8	5	9	7	2	3	4

8	5	1	4	9	2	3	6	7
6	4	3	8	5	7	9	2	1
2	9	7	1	3	6	8	4	5
1	3	6	9	4	8	5	7	2
5	8	4	2	7	3	6	1	9
7	2	9	5	6	1	4	8	3
9	6	5	7	2	4	1	3	8
3	7	8	6	1	9	2	5	4
4	1	2	3	8	5	7	9	6

5	2	7	1	3	8	9	6	4
1	6	9	4	7	5	3	8	2
8	4	3	6	2	9	5	1	7
3	1	2	9	8	7	6	4	5
9	8	4	5	1	6	2	7	3
6	7	5	2	4	3	1	9	8
2	3	6	8	9	4	7	5	1
4	9	1	7	5	2	8	3	6
7	5	8	3	6	1	4	2	9

1	8	6	4	7	5	9	2	3
7	4	2	9	3	6	5	1	8
5	3	9	1	2	8	4	6	7
4	6	3	2	8	9	1	7	5
2	7	5	3	4	1	8	9	6
9	1	8	5	6	7	2	3	4
3	5	4	7	1	2	6	8	9
6	9	1	8	5	3	7	4	2
8	2	7	6	9	4	3	5	1

SOLUTIONS

100

1	5	6	2	7	3	4	8	9
7	8	3	9	5	4	2	1	6
9	2	4	6	8	1	7	3	5
2	1	7	3	4	5	9	6	8
6	9	8	1	2	7	3	5	4
4	3	5	8	9	6	1	7	2
8	7	9	5	3	2	6	4	1
5	4	1	7	6	9	8	2	3
3	6	2	4	1	8	5	9	7

101

2	4	5	7	3	6	8	1	9
6	8	1	4	2	9	7	5	3
7	3	9	8	1	5	2	6	4
9	2	4	1	6	8	5	3	7
1	6	7	9	5	3	4	2	8
8	5	3	2	7	4	6	9	1
3	9	8	6	4	2	1	7	5
5	1	6	3	8	7	9	4	2
4	7	2	5	9	1	3	8	6

102

4	9	3	5	6	7	2	8	1
1	2	7	8	3	9	5	6	4
5	8	6	2	1	4	7	9	3
6	5	2	1	9	8	3	4	7
8	7	4	3	5	6	1	2	9
9	3	1	7	4	2	8	5	6
7	1	9	6	8	5	4	3	2
2	6	5	4	7	3	9	1	8
3	4	8	9	2	1	6	7	5

3	4	6	1	5	8	9	7	2
8	7	2	6	9	3	1	5	4
1	9	5	4	2	7	8	6	3
7	2	8	9	6	5	3	4	1
6	1	3	2	7	4	5	9	8
4	5	9	8	3	1	7	2	6
5	6	7	3	8	2	4	1	9
2	8	4	5	1	9	6	3	7
9	3	1	7	4	6	2	8	5

7	9	8	3	2	4	5	6	1
2	3	5	1	9	6	4	8	7
1	4	6	8	5	7	3	2	9
5	7	4	9	3	8	6	1	2
9	6	3	2	7	1	8	5	4
8	2	1	4	6	5	9	7	3
6	1	7	5	4	9	2	3	8
3	5	9	7	8	2	1	4	6
4	8	2	6	1	3	7	9	5

6	2	5	4	7	3	8	1	9
1	8	7	9	2	5	4	6	3
9	3	4	6	1	8	2	7	5
5	7	6	2	3	9	1	4	8
4	9	8	1	5	7	6	3	2
3	1	2	8	4	6	5	9	7
2	5	3	7	6	1	9	8	4
7	6	9	5	8	4	3	2	1
8	4	1	3	9	2	7	5	6

SOLUTIONS

106

6	1	3	8	7	4	2	5	9
5	8	2	9	3	1	4	6	7
7	4	9	5	6	2	3	8	1
1	6	8	4	5	9	7	2	3
9	5	7	2	1	3	6	4	8
3	2	4	7	8	6	1	9	5
2	9	5	3	4	7	8	1	6
8	3	1	6	2	5	9	7	4
4	7	6	1	9	8	5	3	2

107

2	4	5	9	3	7	8	6	1
1	7	9	8	2	6	3	4	5
8	6	3	5	4	1	7	9	2
3	9	6	1	5	4	2	8	7
7	1	8	2	9	3	4	5	6
4	5	2	6	7	8	9	1	3
6	3	4	7	8	5	1	2	9
5	2	7	4	1	9	6	3	8
9	8	1	3	6	2	5	7	4

108

8	5	1	2	3	4	9	6	7
4	6	2	9	8	7	1	5	3
7	9	3	5	6	1	2	8	4
3	1	7	6	9	5	8	4	2
6	2	9	3	4	8	7	1	5
5	4	8	1	7	2	6	3	9
1	3	4	8	2	9	5	7	6
2	7	5	4	1	6	3	9	8
9	8	6	7	5	3	4	2	1

109

2	7	3	6	5	1	4	8	9
5	8	4	3	7	9	6	1	2
1	6	9	8	2	4	7	3	5
4	3	7	2	6	8	5	9	1
6	9	2	4	1	5	8	7	3
8	1	5	7	9	3	2	4	6
3	5	6	1	4	7	9	2	8
9	4	1	5	8	2	3	6	7
7	2	8	9	3	6	1	5	4

110

8	4	5	3	2	6	7	9	1
2	7	6	9	1	5	8	3	4
9	1	3	4	8	7	6	5	2
4	3	1	5	6	2	9	7	8
6	2	8	7	9	1	3	4	5
5	9	7	8	4	3	2	1	6
1	5	2	6	7	9	4	8	3
7	6	4	1	3	8	5	2	9
3	8	9	2	5	4	1	6	7

111

4	3	2	8	5	1	7	6	9
5	9	6	3	7	2	4	1	8
8	1	7	6	4	9	5	2	3
2	6	9	4	8	3	1	7	5
1	8	5	7	9	6	2	3	4
3	7	4	1	2	5	8	9	6
6	5	1	2	3	8	9	4	7
9	4	3	5	1	7	6	8	2
7	2	8	9	6	4	3	5	1

SOLUTIONS

112

9	5	3	4	6	8	7	2	1
2	4	7	9	1	5	8	6	3
8	6	1	7	3	2	5	9	4
7	2	5	3	4	1	9	8	6
3	8	6	2	9	7	4	1	5
1	9	4	8	5	6	2	3	7
4	3	2	1	7	9	6	5	8
5	7	9	6	8	3	1	4	2
6	1	8	5	2	4	3	7	9

113

1	8	3	7	4	5	9	2	6
4	9	7	2	6	3	5	1	8
5	2	6	1	9	8	7	3	4
3	5	4	8	7	1	2	6	9
6	1	9	4	5	2	3	8	7
8	7	2	9	3	6	1	4	5
9	6	8	3	2	7	4	5	1
7	3	1	5	8	4	6	9	2
2	4	5	6	1	9	8	7	3

114

1	5	7	6	3	8	4	2	9
8	2	9	7	5	4	6	3	1
3	4	6	1	9	2	5	8	7
5	1	8	9	4	6	3	7	2
4	7	2	5	8	3	1	9	6
9	6	3	2	1	7	8	5	4
2	8	4	3	7	1	9	6	5
6	9	1	8	2	5	7	4	3
7	3	5	4	6	9	2	1	8

1	4	6	5	8	7	3	2	9
2	7	8	9	3	4	5	6	1
9	5	3	6	2	1	4	8	7
6	8	7	1	5	3	2	9	4
5	3	2	4	9	6	1	7	8
4	9	1	8	7	2	6	3	5
8	6	9	2	4	5	7	1	3
7	1	5	3	6	9	8	4	2
3	2	4	7	1	8	9	5	6

8	9	4	2	3	5	1	6	7
6	7	3	9	4	1	2	8	5
5	1	2	7	6	8	4	9	3
3	6	8	4	2	7	5	1	9
7	4	9	5	1	6	8	3	2
1	2	5	3	8	9	6	7	4
2	3	6	1	7	4	9	5	8
4	5	1	8	9	3	7	2	6
9	8	7	6	5	2	3	4	1

2	7	4	5	9	3	8	1	6
5	6	1	2	7	8	4	3	9
3	8	9	6	1	4	7	5	2
8	2	7	9	3	5	6	4	1
1	9	5	4	6	2	3	7	8
4	3	6	1	8	7	2	9	5
7	5	3	8	2	1	9	6	4
6	1	8	7	4	9	5	2	3
9	4	2	3	5	6	1	8	7

SOLUTIONS

118

3	6	9	5	7	1	4	2	8
2	4	8	3	9	6	5	1	7
1	7	5	4	8	2	3	6	9
5	9	3	1	6	4	7	8	2
6	8	4	2	5	7	9	3	1
7	1	2	9	3	8	6	4	5
8	3	7	6	2	5	1	9	4
4	2	6	7	1	9	8	5	3
9	5	1	8	4	3	2	7	6

119

3	2	8	6	9	4	5	1	7
7	1	6	2	5	8	4	9	3
9	4	5	7	1	3	8	2	6
6	8	2	1	4	9	3	7	5
1	5	9	3	6	7	2	8	4
4	7	3	5	8	2	1	6	9
5	3	7	9	2	1	6	4	8
2	6	4	8	7	5	9	3	1
8	9	1	4	3	6	7	5	2

120

2	9	1	6	5	8	3	7	4
7	4	6	3	1	2	5	9	8
8	3	5	4	9	7	1	2	6
5	1	8	7	6	3	2	4	9
6	7	3	9	2	4	8	1	5
9	2	4	5	8	1	6	3	7
4	5	2	8	3	9	7	6	1
1	8	7	2	4	6	9	5	3
3	6	9	1	7	5	4	8	2

121

8	7	1	9	3	4	2	6	5
5	6	4	1	8	2	7	3	9
3	2	9	6	7	5	8	4	1
7	4	5	3	9	1	6	2	8
9	1	6	7	2	8	4	5	3
2	8	3	4	5	6	9	1	7
4	9	2	8	1	3	5	7	6
1	5	8	2	6	7	3	9	4
6	3	7	5	4	9	1	8	2

122

1	4	9	2	6	5	7	3	8
7	8	5	1	9	3	6	2	4
2	6	3	8	4	7	5	1	9
4	3	6	9	1	8	2	5	7
8	5	2	4	7	6	1	9	3
9	7	1	3	5	2	4	8	6
3	1	8	6	2	4	9	7	5
5	2	4	7	3	9	8	6	1
6	9	7	5	8	1	3	4	2

123

8	3	2	1	6	9	7	4	5
6	1	7	4	2	5	9	8	3
9	5	4	3	8	7	1	2	6
1	8	9	7	5	4	3	6	2
7	4	6	2	9	3	5	1	8
3	2	5	8	1	6	4	9	7
4	6	3	9	7	2	8	5	1
5	7	1	6	4	8	2	3	9
2	9	8	5	3	1	6	7	4

SOLUTIONS

7	2	1	4	8	6	9	5	3
5	3	8	9	2	7	6	1	4
9	4	6	3	5	1	8	2	7
8	1	4	6	9	2	7	3	5
6	7	9	5	1	3	2	4	8
3	5	2	7	4	8	1	9	6
1	9	7	8	3	5	4	6	2
2	8	5	1	6	4	3	7	9
4	6	3	2	7	9	5	8	1

6	4	8	5	1	7	9	2	3
7	3	1	9	8	2	5	4	6
2	9	5	4	6	3	1	7	8
5	6	7	3	9	1	2	8	4
9	1	3	8	2	4	6	5	7
8	2	4	7	5	6	3	1	9
1	7	2	6	4	9	8	3	5
3	8	6	2	7	5	4	9	1
4	5	9	1	3	8	7	6	2

3	7	9	4	8	1	5	6	2
6	1	8	9	5	2	7	4	3
4	2	5	7	3	6	1	9	8
5	9	6	2	7	8	4	3	1
8	4	7	6	1	3	2	5	9
1	3	2	5	4	9	8	7	6
9	6	4	8	2	5	3	1	7
2	5	3	1	6	7	9	8	4
7	8	1	3	9	4	6	2	5

127

7	5	9	1	4	6	3	2	8
4	6	3	2	5	8	1	9	7
1	8	2	7	9	3	6	5	4
5	4	8	3	2	9	7	1	6
9	2	1	4	6	7	8	3	5
3	7	6	8	1	5	2	4	9
6	1	4	9	7	2	5	8	3
2	3	5	6	8	4	9	7	1
8	9	7	5	3	1	4	6	2

128

6	4	5	9	8	1	2	3	7
2	1	9	7	6	3	8	4	5
3	8	7	2	5	4	1	9	6
1	5	8	3	4	2	6	7	9
7	3	2	8	9	6	4	5	1
9	6	4	5	1	7	3	8	2
4	7	1	6	3	5	9	2	8
5	9	3	1	2	8	7	6	4
8	2	6	4	7	9	5	1	3

129

5	6	1	3	2	7	4	8	9
9	8	3	6	5	4	7	1	2
2	4	7	9	8	1	6	5	3
4	5	6	1	3	9	2	7	8
8	3	2	7	4	5	9	6	1
1	7	9	2	6	8	3	4	5
6	2	8	5	7	3	1	9	4
3	1	5	4	9	6	8	2	7
7	9	4	8	1	2	5	3	6

SOLUTIONS

130

2	5	1	9	4	6	3	7	8
9	4	8	1	7	3	2	6	5
3	6	7	8	2	5	4	1	9
6	7	3	5	9	4	8	2	1
1	8	4	6	3	2	5	9	7
5	9	2	7	1	8	6	3	4
8	2	9	4	6	7	1	5	3
4	1	6	3	5	9	7	8	2
7	3	5	2	8	1	9	4	6

131

2	4	1	7	6	9	5	3	8
7	8	5	4	3	1	2	9	6
3	9	6	5	2	8	1	4	7
9	1	8	2	4	3	7	6	5
4	7	2	1	5	6	3	8	9
6	5	3	9	8	7	4	1	2
1	2	7	8	9	4	6	5	3
8	6	4	3	7	5	9	2	1
5	3	9	6	1	2	8	7	4

132

2	8	4	7	3	6	1	5	9
6	7	5	8	1	9	4	2	3
1	3	9	4	5	2	7	8	6
5	2	6	3	4	7	9	1	8
7	4	1	9	6	8	5	3	2
3	9	8	5	2	1	6	4	7
9	5	7	2	8	4	3	6	1
8	1	3	6	7	5	2	9	4
4	6	2	1	9	3	8	7	5

133

8	2	7	1	5	3	4	9	6
1	9	3	6	8	4	7	2	5
5	6	4	2	7	9	3	1	8
9	8	5	3	1	7	6	4	2
6	7	2	9	4	8	5	3	1
3	4	1	5	2	6	8	7	9
2	3	8	7	6	1	9	5	4
4	1	9	8	3	5	2	6	7
7	5	6	4	9	2	1	8	3

134

1	2	3	6	4	5	9	7	8
8	6	5	1	7	9	3	4	2
7	4	9	3	8	2	6	1	5
6	3	1	9	2	7	5	8	4
4	9	7	8	5	3	2	6	1
2	5	8	4	1	6	7	3	9
9	7	4	5	3	1	8	2	6
3	1	6	2	9	8	4	5	7
5	8	2	7	6	4	1	9	3

135

7	3	4	5	8	1	2	9	6
6	1	5	3	9	2	4	8	7
9	8	2	4	6	7	5	1	3
8	9	3	1	7	4	6	5	2
4	5	7	6	2	8	9	3	1
2	6	1	9	5	3	7	4	8
1	7	9	8	4	6	3	2	5
3	4	6	2	1	5	8	7	9
5	2	8	7	3	9	1	6	4

SOLUTIONS

136

4	2	6	7	5	9	3	1	8
1	5	9	8	2	3	6	4	7
8	7	3	6	4	1	5	9	2
6	9	8	4	1	5	7	2	3
5	4	7	2	3	8	1	6	9
2	3	1	9	6	7	4	8	5
9	8	5	1	7	4	2	3	6
3	6	4	5	9	2	8	7	1
7	1	2	3	8	6	9	5	4

137

7	1	8	2	9	6	4	3	5
5	2	4	3	8	7	1	9	6
9	3	6	5	1	4	2	7	8
4	7	9	8	2	5	6	1	3
3	8	5	6	7	1	9	2	4
1	6	2	9	4	3	5	8	7
2	4	1	7	6	8	3	5	9
8	9	3	4	5	2	7	6	1
6	5	7	1	3	9	8	4	2

138

7	1	9	3	4	8	5	2	6
2	8	3	6	5	7	1	4	9
4	5	6	2	9	1	8	7	3
6	2	4	8	7	3	9	1	5
3	9	1	4	6	5	7	8	2
8	7	5	9	1	2	3	6	4
5	4	8	7	2	9	6	3	1
9	3	2	1	8	6	4	5	7
1	6	7	5	3	4	2	9	8

139

3	7	8	5	2	4	1	9	6
4	6	5	9	3	1	7	8	2
9	1	2	6	8	7	5	3	4
7	5	6	3	4	2	8	1	9
2	8	4	1	7	9	3	6	5
1	9	3	8	5	6	2	4	7
8	2	1	4	9	5	6	7	3
5	3	9	7	6	8	4	2	1
6	4	7	2	1	3	9	5	8

140

6	5	3	4	9	2	8	1	7
4	2	8	7	1	5	3	9	6
1	9	7	6	3	8	5	2	4
3	4	5	9	7	1	6	8	2
2	1	9	3	8	6	7	4	5
7	8	6	5	2	4	9	3	1
9	3	4	1	6	7	2	5	8
8	6	1	2	5	3	4	7	9
5	7	2	8	4	9	1	6	3

141

5	7	1	6	3	4	9	2	8
3	6	8	2	7	9	4	5	1
2	9	4	1	8	5	7	3	6
9	4	3	8	1	6	5	7	2
1	2	5	4	9	7	6	8	3
7	8	6	5	2	3	1	9	4
6	5	2	9	4	8	3	1	7
4	1	7	3	5	2	8	6	9
8	3	9	7	6	1	2	4	5

SOLUTIONS

142

5	3	9	7	6	4	8	1	2
6	7	2	8	5	1	3	9	4
1	8	4	9	3	2	6	5	7
7	9	1	4	2	8	5	3	6
4	6	8	5	9	3	2	7	1
2	5	3	6	1	7	9	4	8
8	1	5	3	7	6	4	2	9
3	4	7	2	8	9	1	6	5
9	2	6	1	4	5	7	8	3

143

7	8	6	5	4	3	1	9	2
2	5	1	9	7	8	4	3	6
4	3	9	1	2	6	5	8	7
5	1	7	4	6	9	3	2	8
6	9	3	2	8	5	7	1	4
8	4	2	3	1	7	6	5	9
9	2	4	6	3	1	8	7	5
1	6	8	7	5	2	9	4	3
3	7	5	8	9	4	2	6	1

144

5	7	4	9	8	3	6	2	1
9	8	3	2	6	1	5	7	4
1	6	2	5	7	4	8	3	9
6	4	7	8	1	9	3	5	2
8	1	5	4	3	2	9	6	7
2	3	9	7	5	6	1	4	8
3	5	8	1	4	7	2	9	6
4	2	1	6	9	5	7	8	3
7	9	6	3	2	8	4	1	5

145

2	8	5	4	1	7	9	6	3
4	3	6	5	9	2	1	8	7
9	7	1	3	8	6	4	5	2
7	2	4	6	5	8	3	1	9
6	1	8	2	3	9	7	4	5
3	5	9	7	4	1	8	2	6
5	4	7	1	6	3	2	9	8
8	6	3	9	2	4	5	7	1
1	9	2	8	7	5	6	3	4

146

4	8	7	9	3	5	2	1	6
1	9	6	4	2	8	5	3	7
2	5	3	1	6	7	4	8	9
8	3	1	2	5	9	6	7	4
7	4	9	3	8	6	1	5	2
5	6	2	7	1	4	3	9	8
6	1	4	8	9	3	7	2	5
3	7	8	5	4	2	9	6	1
9	2	5	6	7	1	8	4	3

147

9	5	4	6	7	3	2	8	1
1	2	7	4	5	8	6	3	9
3	8	6	9	2	1	7	4	5
7	1	9	5	3	4	8	6	2
8	3	5	2	9	6	4	1	7
4	6	2	1	8	7	5	9	3
6	9	3	7	4	5	1	2	8
2	7	1	8	6	9	3	5	4
5	4	8	3	1	2	9	7	6

SOLUTIONS

148

1	5	6	8	9	3	2	7	4
2	9	4	6	7	5	3	1	8
8	7	3	1	4	2	6	9	5
7	1	5	9	8	6	4	2	3
3	6	2	4	5	1	9	8	7
4	8	9	2	3	7	1	5	6
6	3	8	7	2	9	5	4	1
5	2	7	3	1	4	8	6	9
9	4	1	5	6	8	7	3	2

149

7	3	4	6	9	5	1	2	8
6	8	5	1	2	7	4	9	3
9	1	2	4	3	8	7	5	6
1	5	6	9	4	3	2	8	7
4	7	9	2	8	1	6	3	5
8	2	3	7	5	6	9	1	4
5	4	1	8	6	9	3	7	2
2	9	8	3	7	4	5	6	1
3	6	7	5	1	2	8	4	9

150

5	3	9	6	8	2	4	1	7
6	2	4	7	1	9	8	3	5
8	7	1	3	4	5	9	2	6
1	8	2	9	3	6	7	5	4
3	6	7	8	5	4	1	9	2
9	4	5	1	2	7	6	8	3
2	5	6	4	9	8	3	7	1
4	1	8	5	7	3	2	6	9
7	9	3	2	6	1	5	4	8

3	2	7	8	6	4	1	9	5
6	5	1	7	3	9	4	2	8
8	9	4	5	2	1	7	6	3
2	4	5	1	8	6	9	3	7
9	7	8	2	4	3	5	1	6
1	6	3	9	7	5	2	8	4
5	8	2	6	9	7	3	4	1
4	1	6	3	5	2	8	7	9
7	3	9	4	1	8	6	5	2

7	1	4	6	3	9	8	2	5
8	9	2	7	1	5	4	6	3
5	6	3	4	2	8	1	7	9
6	7	8	3	5	1	9	4	2
2	5	1	9	4	7	3	8	6
3	4	9	8	6	2	5	1	7
1	3	7	2	9	4	6	5	8
4	8	6	5	7	3	2	9	1
9	2	5	1	8	6	7	3	4

2	4	3	1	8	6	7	5	9
8	5	1	9	7	2	3	4	6
7	6	9	4	5	3	1	8	2
3	7	5	6	1	9	8	2	4
6	1	4	8	2	7	5	9	3
9	2	8	5	3	4	6	7	1
5	8	6	2	9	1	4	3	7
4	9	7	3	6	5	2	1	8
1	3	2	7	4	8	9	6	5

SOLUTIONS

154

4	6	2	9	8	1	5	7	3
8	1	9	3	7	5	4	2	6
5	3	7	6	2	4	1	8	9
1	7	5	4	6	2	9	3	8
6	8	4	1	9	3	2	5	7
9	2	3	8	5	7	6	4	1
2	4	6	7	3	9	8	1	5
3	9	1	5	4	8	7	6	2
7	5	8	2	1	6	3	9	4

155

4	2	5	8	3	1	9	6	7
9	7	1	4	5	6	8	2	3
3	6	8	7	2	9	4	1	5
1	3	7	9	6	5	2	4	8
5	9	2	1	4	8	3	7	6
8	4	6	2	7	3	5	9	1
6	8	9	3	1	2	7	5	4
2	1	4	5	8	7	6	3	9
7	5	3	6	9	4	1	8	2

156

9	7	1	5	4	8	6	3	2
2	4	6	9	3	7	8	5	1
8	5	3	2	6	1	9	7	4
6	9	5	4	7	3	1	2	8
3	2	4	1	8	9	7	6	5
7	1	8	6	2	5	3	4	9
4	8	9	7	5	6	2	1	3
5	3	7	8	1	2	4	9	6
1	6	2	3	9	4	5	8	7

157

4	3	7	9	2	1	5	6	8
9	6	2	4	8	5	7	3	1
5	1	8	7	3	6	9	2	4
3	9	1	5	4	2	8	7	6
2	7	5	8	6	3	4	1	9
8	4	6	1	7	9	2	5	3
6	5	4	3	9	7	1	8	2
1	2	9	6	5	8	3	4	7
7	8	3	2	1	4	6	9	5

158

1	8	3	9	5	4	7	2	6
7	4	5	8	2	6	1	3	9
9	6	2	1	3	7	8	5	4
3	1	8	4	6	5	2	9	7
2	5	9	7	1	8	4	6	3
6	7	4	2	9	3	5	8	1
4	3	6	5	7	2	9	1	8
8	2	1	3	4	9	6	7	5
5	9	7	6	8	1	3	4	2

159

3	2	8	9	7	6	5	4	1
9	7	6	1	4	5	2	3	8
4	1	5	2	3	8	6	9	7
7	5	9	6	8	4	1	2	3
8	6	4	3	2	1	9	7	5
1	3	2	7	5	9	4	8	6
5	4	7	8	6	2	3	1	9
2	8	1	5	9	3	7	6	4
6	9	3	4	1	7	8	5	2

SOLUTIONS

160

7	8	5	9	6	4	1	3	2
2	1	6	3	5	8	4	9	7
3	4	9	7	1	2	8	6	5
5	6	1	8	2	9	3	7	4
9	2	7	4	3	5	6	8	1
8	3	4	1	7	6	5	2	9
1	5	3	6	9	7	2	4	8
6	7	8	2	4	1	9	5	3
4	9	2	5	8	3	7	1	6

161

6	2	4	5	3	1	7	9	8
8	9	7	4	6	2	5	3	1
5	3	1	7	8	9	4	2	6
1	4	5	6	9	8	3	7	2
2	8	3	1	7	5	9	6	4
9	7	6	3	2	4	1	8	5
4	6	8	9	5	3	2	1	7
3	5	2	8	1	7	6	4	9
7	1	9	2	4	6	8	5	3

162

4	9	8	2	1	6	3	7	5
2	6	7	5	3	8	4	1	9
5	1	3	4	9	7	2	8	6
8	3	6	1	2	4	5	9	7
1	7	4	9	8	5	6	3	2
9	2	5	7	6	3	1	4	8
7	5	9	6	4	1	8	2	3
6	8	1	3	7	2	9	5	4
3	4	2	8	5	9	7	6	1

163

7	9	2	4	1	8	3	6	5
8	6	3	5	7	2	9	1	4
1	5	4	6	9	3	7	2	8
3	7	9	2	4	6	5	8	1
4	1	8	3	5	9	2	7	6
6	2	5	1	8	7	4	9	3
9	3	7	8	6	4	1	5	2
2	8	1	7	3	5	6	4	9
5	4	6	9	2	1	8	3	7

164

7	3	1	6	8	5	2	4	9
2	6	5	9	4	7	1	3	8
4	8	9	1	3	2	6	7	5
3	5	4	8	7	6	9	1	2
1	7	6	5	2	9	4	8	3
8	9	2	4	1	3	7	5	6
6	1	7	3	9	8	5	2	4
5	2	3	7	6	4	8	9	1
9	4	8	2	5	1	3	6	7

165

8	1	5	7	2	3	9	6	4
3	4	2	6	8	9	1	5	7
6	9	7	1	5	4	2	8	3
1	6	9	4	7	2	8	3	5
5	8	4	3	9	6	7	2	1
7	2	3	5	1	8	6	4	9
4	3	1	8	6	7	5	9	2
2	7	6	9	3	5	4	1	8
9	5	8	2	4	1	3	7	6

SOLUTIONS

166

4	6	5	3	9	2	7	1	8
8	7	3	4	1	6	2	5	9
9	2	1	5	7	8	6	3	4
6	3	7	1	8	4	5	9	2
5	8	2	6	3	9	4	7	1
1	4	9	7	2	5	8	6	3
2	5	6	9	4	1	3	8	7
3	1	4	8	5	7	9	2	6
7	9	8	2	6	3	1	4	5

167

1	5	8	3	4	7	2	9	6
9	2	7	1	6	8	3	5	4
4	6	3	2	5	9	8	7	1
7	1	2	6	3	5	4	8	9
5	4	9	8	2	1	6	3	7
3	8	6	9	7	4	1	2	5
2	7	5	4	1	3	9	6	8
6	9	4	5	8	2	7	1	3
8	3	1	7	9	6	5	4	2

168

3	6	1	8	9	7	4	2	5
8	7	5	6	2	4	1	9	3
2	4	9	1	3	5	6	7	8
6	1	8	7	4	3	2	5	9
9	5	3	2	8	6	7	1	4
7	2	4	5	1	9	3	8	6
4	8	7	9	6	2	5	3	1
5	9	6	3	7	1	8	4	2
1	3	2	4	5	8	9	6	7

169

6	1	4	7	8	9	2	5	3
9	8	5	3	2	4	7	1	6
2	3	7	6	5	1	8	9	4
1	7	8	4	9	3	5	6	2
4	2	3	1	6	5	9	8	7
5	6	9	8	7	2	3	4	1
8	4	2	9	3	6	1	7	5
7	5	6	2	1	8	4	3	9
3	9	1	5	4	7	6	2	8

170

8	4	9	5	1	7	2	6	3
2	7	3	8	6	4	9	1	5
6	5	1	2	3	9	8	7	4
3	6	5	7	2	1	4	8	9
4	2	8	3	9	6	1	5	7
9	1	7	4	8	5	6	3	2
1	9	4	6	5	3	7	2	8
5	8	6	9	7	2	3	4	1
7	3	2	1	4	8	5	9	6

171

5	9	2	1	7	6	4	3	8
8	4	7	3	9	5	6	2	1
6	1	3	8	2	4	7	9	5
7	8	4	2	5	3	1	6	9
3	5	6	9	1	8	2	7	4
9	2	1	6	4	7	5	8	3
2	6	9	5	3	1	8	4	7
1	7	8	4	6	9	3	5	2
4	3	5	7	8	2	9	1	6

SOLUTIONS

172

2	8	7	3	4	5	1	6	9
6	3	5	9	7	1	4	8	2
9	1	4	2	6	8	7	5	3
7	5	1	4	9	6	2	3	8
8	2	3	1	5	7	6	9	4
4	9	6	8	3	2	5	1	7
1	4	8	5	2	3	9	7	6
5	7	9	6	8	4	3	2	1
3	6	2	7	1	9	8	4	5

173

3	4	5	9	7	6	2	1	8
8	2	1	5	3	4	7	6	9
7	9	6	8	1	2	3	4	5
5	3	2	7	6	8	1	9	4
6	1	8	4	2	9	5	3	7
4	7	9	3	5	1	6	8	2
9	6	3	2	4	5	8	7	1
1	5	4	6	8	7	9	2	3
2	8	7	1	9	3	4	5	6

174

5	4	3	2	8	1	7	9	6
6	2	7	9	5	3	8	1	4
8	1	9	7	4	6	5	2	3
7	6	5	3	2	9	1	4	8
9	8	2	4	1	7	3	6	5
1	3	4	8	6	5	2	7	9
3	9	6	5	7	2	4	8	1
2	5	8	1	9	4	6	3	7
4	7	1	6	3	8	9	5	2

175

7	8	1	5	6	2	9	4	3
3	4	6	8	7	9	2	5	1
2	9	5	3	4	1	6	8	7
4	6	8	2	5	7	1	3	9
5	7	9	1	3	4	8	2	6
1	2	3	9	8	6	5	7	4
6	5	2	7	9	3	4	1	8
8	3	4	6	1	5	7	9	2
9	1	7	4	2	8	3	6	5

176

9	8	6	1	3	7	2	5	4
4	7	2	8	9	5	6	3	1
3	1	5	4	2	6	7	9	8
8	2	9	7	6	4	3	1	5
5	4	1	2	8	3	9	7	6
6	3	7	5	1	9	4	8	2
7	6	8	9	5	2	1	4	3
1	9	3	6	4	8	5	2	7
2	5	4	3	7	1	8	6	9

177

7	9	6	1	2	4	3	8	5
4	3	8	7	5	9	6	1	2
2	5	1	6	8	3	9	4	7
3	6	5	9	4	1	2	7	8
8	7	4	2	6	5	1	3	9
1	2	9	8	3	7	4	5	6
6	8	3	4	7	2	5	9	1
5	1	7	3	9	6	8	2	4
9	4	2	5	1	8	7	6	3

SOLUTIONS

178

6	3	9	8	2	1	4	7	5
5	1	2	6	7	4	9	3	8
8	4	7	5	9	3	2	1	6
3	7	8	1	4	2	5	6	9
1	2	6	9	5	7	3	8	4
9	5	4	3	8	6	7	2	1
2	6	1	4	3	5	8	9	7
7	9	5	2	1	8	6	4	3
4	8	3	7	6	9	1	5	2

179

3	2	9	1	5	7	4	6	8
5	1	6	4	2	8	7	9	3
7	8	4	9	3	6	1	5	2
1	4	3	6	8	5	9	2	7
8	7	5	2	9	3	6	1	4
6	9	2	7	1	4	8	3	5
9	3	7	5	4	1	2	8	6
4	5	1	8	6	2	3	7	9
2	6	8	3	7	9	5	4	1

180

3	5	1	8	7	2	4	9	6
7	2	6	9	4	5	3	8	1
4	8	9	6	1	3	7	5	2
1	6	3	4	5	9	2	7	8
9	7	2	1	8	6	5	3	4
8	4	5	3	2	7	6	1	9
6	9	7	2	3	8	1	4	5
2	3	4	5	9	1	8	6	7
5	1	8	7	6	4	9	2	3

181

3	5	6	7	2	1	4	9	8
1	9	4	3	8	6	7	2	5
2	8	7	4	5	9	6	1	3
7	4	3	1	9	2	8	5	6
8	6	2	5	3	7	1	4	9
9	1	5	6	4	8	3	7	2
4	3	8	9	7	5	2	6	1
6	2	9	8	1	4	5	3	7
5	7	1	2	6	3	9	8	4

182

6	5	7	3	1	9	8	2	4
3	8	1	4	5	2	6	7	9
9	2	4	6	7	8	5	3	1
7	1	5	2	4	6	9	8	3
2	9	6	5	8	3	4	1	7
8	4	3	1	9	7	2	5	6
5	7	8	9	3	4	1	6	2
1	6	9	7	2	5	3	4	8
4	3	2	8	6	1	7	9	5

183

3	7	9	6	2	5	8	4	1
8	1	5	4	7	3	6	9	2
6	2	4	1	9	8	5	7	3
4	3	2	9	8	7	1	5	6
1	6	7	2	5	4	3	8	9
5	9	8	3	6	1	7	2	4
7	4	1	5	3	9	2	6	8
2	8	3	7	4	6	9	1	5
9	5	6	8	1	2	4	3	7

SOLUTIONS

184

3	2	8	6	9	5	1	7	4
7	1	5	2	4	3	8	9	6
6	4	9	7	1	8	5	2	3
8	7	1	3	6	2	9	4	5
9	5	2	1	8	4	3	6	7
4	3	6	9	5	7	2	1	8
5	8	7	4	2	1	6	3	9
1	9	4	5	3	6	7	8	2
2	6	3	8	7	9	4	5	1

185

7	8	3	4	5	9	1	2	6
5	2	1	3	7	6	8	9	4
4	9	6	1	8	2	5	3	7
3	6	7	8	2	5	9	4	1
9	4	8	6	1	3	7	5	2
1	5	2	7	9	4	6	8	3
6	1	9	2	4	8	3	7	5
8	3	4	5	6	7	2	1	9
2	7	5	9	3	1	4	6	8

186

8	7	5	4	1	6	2	3	9
9	2	1	3	5	7	4	8	6
4	6	3	9	8	2	1	5	7
7	4	9	8	2	3	5	6	1
5	3	2	6	7	1	9	4	8
1	8	6	5	9	4	3	7	2
3	9	4	2	6	8	7	1	5
2	1	8	7	4	5	6	9	3
6	5	7	1	3	9	8	2	4

4	1	8	2	3	7	5	6	9
7	5	2	6	9	4	3	8	1
6	3	9	5	8	1	4	2	7
3	9	7	1	4	2	8	5	6
5	4	1	8	6	9	7	3	2
2	8	6	7	5	3	9	1	4
9	6	5	4	1	8	2	7	3
1	2	4	3	7	5	6	9	8
8	7	3	9	2	6	1	4	5

2	4	6	9	1	3	5	8	7
9	7	8	6	5	4	1	3	2
5	3	1	8	7	2	6	4	9
6	2	5	1	8	9	4	7	3
8	9	7	3	4	6	2	5	1
3	1	4	7	2	5	9	6	8
1	6	9	4	3	8	7	2	5
7	5	3	2	6	1	8	9	4
4	8	2	5	9	7	3	1	6

4	7	5	6	3	2	9	1	8
6	9	8	1	4	5	2	7	3
1	3	2	7	9	8	4	5	6
7	8	1	3	5	9	6	2	4
9	4	6	2	7	1	3	8	5
2	5	3	8	6	4	7	9	1
3	6	9	5	1	7	8	4	2
5	2	4	9	8	3	1	6	7
8	1	7	4	2	6	5	3	9

SOLUTIONS

7	1	4	8	3	9	6	5	2
3	9	6	1	2	5	7	4	8
5	2	8	7	4	6	9	1	3
2	4	7	6	9	3	5	8	1
8	6	3	2	5	1	4	9	7
9	5	1	4	8	7	2	3	6
6	7	9	5	1	8	3	2	4
1	3	2	9	6	4	8	7	5
4	8	5	3	7	2	1	6	9

9	7	4	3	5	6	1	2	8
2	8	3	4	1	9	7	6	5
5	1	6	8	7	2	9	3	4
4	2	7	6	8	1	5	9	3
6	9	8	5	3	4	2	7	1
3	5	1	2	9	7	4	8	6
8	3	9	7	4	5	6	1	2
7	6	5	1	2	3	8	4	9
1	4	2	9	6	8	3	5	7

8	1	6	2	3	9	5	7	4
7	9	4	1	6	5	2	8	3
5	3	2	4	8	7	1	6	9
1	6	3	7	9	4	8	2	5
4	5	7	3	2	8	6	9	1
9	2	8	5	1	6	3	4	7
3	7	9	8	5	2	4	1	6
2	4	5	6	7	1	9	3	8
6	8	1	9	4	3	7	5	2

193

3	1	4	7	8	9	6	2	5
5	9	7	6	2	4	8	3	1
8	6	2	1	3	5	4	9	7
4	8	5	9	1	3	2	7	6
1	3	6	2	5	7	9	4	8
7	2	9	4	6	8	1	5	3
6	5	3	8	9	2	7	1	4
2	7	1	5	4	6	3	8	9
9	4	8	3	7	1	5	6	2

194

6	2	4	1	7	8	3	5	9
9	1	7	4	5	3	6	2	8
3	8	5	9	2	6	1	7	4
2	4	6	8	3	5	7	9	1
7	3	1	2	4	9	8	6	5
8	5	9	7	6	1	2	4	3
4	6	3	5	8	7	9	1	2
1	7	2	3	9	4	5	8	6
5	9	8	6	1	2	4	3	7

195

1	4	9	6	2	8	7	5	3
8	2	3	5	7	9	1	6	4
7	5	6	1	4	3	9	8	2
9	7	4	2	3	6	5	1	8
3	1	5	7	8	4	6	2	9
2	6	8	9	1	5	3	4	7
6	9	7	4	5	2	8	3	1
5	3	2	8	9	1	4	7	6
4	8	1	3	6	7	2	9	5

SOLUTIONS

4	5	8	2	3	6	9	1	7
7	9	6	4	8	1	5	2	3
3	1	2	5	9	7	6	8	4
5	6	7	8	2	3	1	4	9
9	8	1	7	6	4	3	5	2
2	4	3	9	1	5	8	7	6
6	2	5	1	4	9	7	3	8
1	3	4	6	7	8	2	9	5
8	7	9	3	5	2	4	6	1

3	1	2	5	8	7	4	9	6
9	4	5	3	6	1	2	8	7
7	6	8	9	2	4	5	3	1
4	5	6	1	9	8	7	2	3
8	9	7	2	3	5	6	1	4
2	3	1	7	4	6	8	5	9
5	2	9	6	7	3	1	4	8
1	7	4	8	5	9	3	6	2
6	8	3	4	1	2	9	7	5

7	1	9	5	8	4	6	2	3
8	6	2	1	3	7	9	5	4
4	3	5	9	6	2	1	8	7
6	2	3	4	5	8	7	9	1
1	5	8	7	9	6	3	4	2
9	4	7	2	1	3	5	6	8
5	8	4	6	7	1	2	3	9
2	9	1	3	4	5	8	7	6
3	7	6	8	2	9	4	1	5

199

4	2	3	7	9	8	6	1	5
8	6	7	2	5	1	4	3	9
1	9	5	6	4	3	8	2	7
6	5	4	1	8	7	3	9	2
2	1	9	3	6	5	7	8	4
7	3	8	9	2	4	1	5	6
3	7	2	5	1	6	9	4	8
5	4	6	8	3	9	2	7	1
9	8	1	4	7	2	5	6	3

 200

6	8	1	4	5	9	2	3	7
5	9	7	3	8	2	6	4	1
4	3	2	6	7	1	8	9	5
9	6	4	5	2	3	1	7	8
8	7	5	9	1	6	3	2	4
2	1	3	7	4	8	5	6	9
7	2	6	8	9	5	4	1	3
1	5	9	2	3	4	7	8	6
3	4	8	1	6	7	9	5	2

 201

2	3	8	1	9	6	7	5	4
6	9	4	8	5	7	1	3	2
1	7	5	3	4	2	9	6	8
5	2	9	6	1	3	4	8	7
4	1	6	9	7	8	3	2	5
7	8	3	4	2	5	6	9	1
9	4	2	5	6	1	8	7	3
3	5	1	7	8	9	2	4	6
8	6	7	2	3	4	5	1	9

SOLUTIONS

5	9	7	4	2	3	6	1	8
8	3	2	6	9	1	4	7	5
4	6	1	7	8	5	2	3	9
9	7	6	2	5	8	1	4	3
3	8	4	1	7	6	5	9	2
1	2	5	9	3	4	7	8	6
6	1	9	8	4	2	3	5	7
2	5	8	3	1	7	9	6	4
7	4	3	5	6	9	8	2	1

4	1	3	9	2	7	5	8	6
9	5	2	4	8	6	7	1	3
8	6	7	3	5	1	4	9	2
3	2	5	1	9	4	6	7	8
1	7	8	5	6	2	3	4	9
6	9	4	7	3	8	1	2	5
2	4	6	8	7	5	9	3	1
7	8	9	6	1	3	2	5	4
5	3	1	2	4	9	8	6	7

4	5	6	9	2	1	3	8	7
8	2	7	6	5	3	4	1	9
9	3	1	7	8	4	2	6	5
5	7	9	3	4	8	6	2	1
1	8	3	2	6	5	9	7	4
2	6	4	1	9	7	5	3	8
6	1	8	5	3	9	7	4	2
3	4	5	8	7	2	1	9	6
7	9	2	4	1	6	8	5	3

205

4	9	5	6	7	1	8	2	3
1	3	2	9	8	5	7	4	6
6	8	7	2	3	4	5	9	1
2	4	8	3	1	6	9	5	7
5	6	9	7	4	2	3	1	8
3	7	1	5	9	8	4	6	2
9	1	4	8	6	7	2	3	5
8	2	6	4	5	3	1	7	9
7	5	3	1	2	9	6	8	4

206

3	2	5	9	1	8	6	7	4
7	4	9	6	5	2	3	8	1
1	6	8	7	3	4	2	5	9
4	3	2	5	8	6	9	1	7
5	9	1	2	7	3	8	4	6
6	8	7	1	4	9	5	2	3
9	7	6	8	2	1	4	3	5
2	1	4	3	6	5	7	9	8
8	5	3	4	9	7	1	6	2

207

8	5	3	4	7	9	6	1	2
2	1	4	6	5	3	8	9	7
7	9	6	2	8	1	4	3	5
9	8	1	5	2	7	3	4	6
4	2	7	8	3	6	9	5	1
3	6	5	9	1	4	2	7	8
6	7	8	3	4	5	1	2	9
5	3	2	1	9	8	7	6	4
1	4	9	7	6	2	5	8	3

SOLUTIONS

4	1	7	8	6	5	2	3	9
9	5	8	3	2	7	4	6	1
6	2	3	1	9	4	8	5	7
2	8	5	7	1	6	9	4	3
3	4	1	9	5	8	7	2	6
7	6	9	4	3	2	5	1	8
8	7	6	2	4	1	3	9	5
1	9	2	5	8	3	6	7	4
5	3	4	6	7	9	1	8	2

8	3	5	6	4	1	7	2	9
9	4	1	7	2	3	8	6	5
6	7	2	5	9	8	4	3	1
2	1	6	8	7	4	5	9	3
5	8	3	2	6	9	1	4	7
7	9	4	1	3	5	6	8	2
1	2	8	9	5	6	3	7	4
4	5	7	3	8	2	9	1	6
3	6	9	4	1	7	2	5	8

5	3	9	8	4	7	2	1	6
8	7	2	3	1	6	5	4	9
4	1	6	5	9	2	8	3	7
3	4	5	9	7	8	1	6	2
6	9	7	2	3	1	4	8	5
1	2	8	6	5	4	9	7	3
7	5	4	1	6	9	3	2	8
9	8	1	7	2	3	6	5	4
2	6	3	4	8	5	7	9	1